I. Vorbemerkung Dr. Gerhard Leinhofer

Die psychologische Forschung hat sich bisher ausführlich mit der Entstehung, Diagnostik und Veränderung von psychischen Problemen beschäftigt oder aber im Rahmen der Angewandten Psychologie ihre Wirkung auf Werbung, Konsum und Veränderung von Einstellungen und Verhalten beschäftigt.

Was bei allen bisherigen Ansätzen zu wenig beachtet wird, sind Grundsätze von Konstruktivismus und Transformation. Beide sind in der wissenschaftlichen Theorie und in der philosophischen Forschung bereits verankert.

Wir haben diese Begriffe für unsere Methode gewählt, um die bisherigen Erfahrungen aus Lehre, Behandlung und Forschung darzustellen.

„Konstruktivismus" erklärt die Welt als veränderbar, entwicklungsfähig und auf Prozesse, Entwicklungen und Ziele hin ausgerichtet.
Unter „Transformation" versteht man den Prozess der Veränderung, von einem aktuellen Zustand hin zu einem angestrebten Ziel-Zustand in der nahen Zukunft. Transformation repräsentiert einen fundamentalen und dauerhaften Wandel.

Während die beiden Begriffe in der Wirtschaft, in sozialen Systemen und in der digitalen Welt eine große Rolle spielen, haben wir den Begriff für die psychologische und psychotherapeutische Arbeit adaptiert und neu formuliert.

Voraussetzungen:
Wahrnehmung und Beobachtung der Wirklichkeit
Annahme von Empfindungen, Gefühlen und Reaktionen

- Angst und Sorgen
- Wut und Ärger
- Liebe und Trauer
- Prozess- und Zielanalyse
- Veränderungsschritte (Implementation und Realisierung)
- Veränderung von Perspektiven und Einstellungen
- Neubegründung von Glaubenssätzen
- Integration in die Annahmen der „Positiven Psychologie“

Ein Vergleich zur Anschaulichkeit:

Stelle dir vor, dein Auto läuft nicht rund, irgendwas ist schiefgelaufen. Du gehst natürlich zum Handwerker.

Der schaut sich das alles an und stellt Befunde fest. Ist es die Batterie, sind es die Kolben, die Leitungen, der Vergaser, der Starter und dergleichen.

Natürlich denkst du: oje, was kann das kosten (Sorgen), du lamentierst, „(schon wieder, so ein Mist“).

Aber der Handwerker denkst nicht so. Er transformiert: Wo liegt die Lösung, er geht mit Forschergeist an die Analyse, eine positive Erfolgsaussicht und Einstellung begleitet ihn. Und dann geht er ans Werk.

Das ist das Bild des konstruktiven Lösens von Problemen, Fragestellungen und Konflikten.

Die Welt und auch deine eigene ist nicht festgelegt und starr: Erkenne die Möglichkeiten, zu verändern und die neuen Sichtweisen und Möglichkeiten deines Handelns.

Unsere Konstruktive (K)Transformation- (T) Methode (M). wurde bereits vor 10 Jahren von uns entwickelt und beschrieben. Sie hat sich im Verlauf der langjährigen Erfahrung im Coaching, in der Beratung einzelner, von Gruppen, Unternehmen und Behörden als sehr effektiv erwiesen.

Dr. Gerhard Leinhofer

Transformation & Konstruktivismus –

die KT Methode

Yesterday I was clever,

so I wanted to change the world.

Today I am wise,

so I am changing myself.

Rumi

II. Einführung

Mehr Wohlbefinden, Sinn und Stärke durch „Flourishing“

Ein zentraler Aspekt im Bereich Persönlichkeitsentwicklung ist der Begriff „Flourishing“. Dieser bedeutet übersetzt „blühend“. Vom Bild einer aufblühenden Blume inspiriert, steht die positive Psychologie für eine gelungene, psychische Entwicklung, in der sich das eigene Potential entfalten kann. Corey Keyes verwendete diesen Begriff erstmals um einen Indikator für psychische Gesundheit zu benennen.

Es geht im Bereich der positiven Psychologie weniger um das Ausmerzen von Krankheiten, sondern vielmehr darum, bestehende Fähigkeiten weiter zu stärken, zu stabilisieren und sich dadurch selbst mehr Halt geben zu können. Dies zahlt sich vor allem in Krisenzeiten aus.

Ein „blühendes“ Leben beinhaltet, sich mit sich und seinem Leben wohlzufühlen, zufrieden zu sein und sich mit Neugier, Mut und Optimismus weiter entwickeln zu wollen. Diese Weiterentwicklung ist am erfolgreichsten, wenn wir ein gesundes Selbstwertgefühl entwickelt haben, unsere Bedürfnisse, Stärken, Werte und Ziele kennen und einen Lebenssinn für uns gefunden haben.

Krank werden wir dagegen, wenn wir unser Leben als sinnlos empfinden oder unseren negativen Emotionen und Gedanken mehr Raum geben, als unseren Positiven. Aber auch wenn wir unsere Schattenseiten und negativen Emotionen verdrängen und nicht wahrhaben wollen, können wir nicht wirklich gedeihen und erblühen. Das Leugnen oder Ignorieren unserer Stärken und Schwächen kann in eine Abwärtsspirale führen, die Stress, Krisen und Depressionen verursachen kann.

Wir wollen dich mit diesem Buch dabei unterstützen, in eine Aufwärtsspirale zu kommen, die mit ihrer Eigendynamik zu einem täglich besser werdenden Leben führen kann. Um diese Dynamik nutzen zu können, ist dein Engagement nötig. Der Anfang sollte sein, dass du dir gegen über die Verpflichtung eingehst, täglich etwas für die Steigerung deines Wohlbefindens zu tun. Das kann zum Beispiel eine Übung aus diesem Buch sein oder dich mit den angesprochenen Themen selbst weiter zu befassen. Viele dieser Übungen sind darauf angelegt, dass du sie bestenfalls über einen Zeitraum von drei Monaten täglich übst. Es geht vor allem um das Schaffen neuer, besserer Gewohnheiten und Glaubenssätze. Daher wäre es ideal, wenn du dir hierfür einen festgesetzten Zeitraum nimmst – zum Beispiel morgens beim Kaffee oder abends vorm Zubettgehen. Besser ist es, du befasst dich täglich 10 Minuten mit diesem Ziel als einmal an einem Wochenende. Wir wollen dich dabei unterstützen, dein Potential zu erkennen und zu entfalten, damit du ein erfülltes Leben führst, das dich zufrieden macht. Es geht hierbei mehr um einen Dauerlauf als um einen Sprint und es geht nicht um Selbstoptimierung. Wir sind vom Humanismus geprägt und nach unserem Menschenbild hat jeder Mensch bereits genug Stärken, Wert und Potential in sich. Wir wollen nur, dass du das auch erkennst. Auch das in jedem Menschen immanente Streben nach Wachstum, Glück und dem Wunsch ein selbstbestimmtes und gleichzeitig auf Andere bezogenes Leben zu führen, wird dir dabei helfen.

Spätestens am Ende dieses Buches solltest du auf die Frage: „Was ist gut an dir und deinem Leben?“ eine Menge Positives für dich wahrnehmen können.

Unsere konstruktive Transformationsmethode zielt auf einen wachstumsorientierten Coaching Prozess ab. Mein Vater, Dr. Gerhard Leinhofer hat diese Methode im Rahmen seiner knapp vierzigjährigen Erfahrung als Psychotherapeut entwickelt und mir vermittelt. Ich hatte zunächst den Weg zur Juristin eingeschlagen und mich im Rahmen dessen schon früh mit den Themen Stressmanagement und Entspannungstechniken befasst. Eine Yogalehrausbildung, langjährige Meditationserfahrungen und Achtsamkeitstraining haben mir geholfen auch anspruchsvolle Zeiten zu schaukeln. Meine Ausbildung zur Mediatorin und Mental Coachin waren für mich, zusammen mit der KTM-Methode Quellen, die mir selbst und auch meinen Klienten Kraft und Halten schenken. Im persönlichen Coaching begleiten wir unsere Klienten vorrangig bei der Erreichung ihrer Ziele. Hierfür nutzen wir den lösungsorientierten und systemischen Ansatz. Zugleich wollen wir unsere Klienten aber auch in ihr Potential führen. Gerade in Krisenzeiten, die oft einen Wendepunkt im Leben darstellen, besteht die Chance, hierfür notwendige Transformationsprozesse hervorzurufen. Soweit keine Psychotherapie notwendig ist, kann die Begleitung von Krisen durch den Ansatz des Positiven Coachings, einen Möglichkeitsraum für eine konstruktive Persönlichkeitsentwicklung schaffen.

- „Krise ist ein produktiver Zustand.

Man muss ihr nur den Beigeschmack

der Katastrophe nehmen."

- Max Frisch --

1. „Permanent Glücklich“ nach Seligman

Nach Martin Seligman, einem Begründer der positiven Psychologie, können wir unsere körperliche und mentale Gesundheit verbessern, indem wir unsere Ressourcen und Charakterstärken aktivieren.

In seiner Theorie des Wohlbefindens teilt er Ressourcen in fünf Kategorien ein:

1. **P**ositive Emotionen
2. **E**ngagement (Verpflichtung)
3. **R**elationships (positive Beziehungen)
4. **M**eaning (Lebenssinn)
5. **A**ccomplishment (Leistung, Fertigkeit)

Es ergibt sich hieraus das Akronym „PERMA“, mit dem Seligman auf den Begriff „permanent“ anspielt. Es geht dabei um die Beständigkeit unseres Wohlbefindens, das wir durch den Einsatz dieser Ressourcen erzielen können. Hierbei helfen uns wiederum die Aktivierung unserer persönlichen Charakterstärken.

Auch wenn es im Bereich positiver Psychologie also vor allem um die Steigerung unseres Wohlbefindens geht, sollte „Flourishing“ nicht mit einer „Feel-Good“ Mentalität verwechselt werden, in der alles Negative ausgeblendet wird und man sich die Dinge schönredet. Die Stärkung unseres Wohlbefindens hat nachweislich einen positiven Effekt auf unser

Immunsystem, unserer Widerstandsfähigkeit, unserer Kreativität, unserer Belastbarkeit und unsere Stressresistenz. Und dies kommt auch unseren Beziehungen zugute.

Wir sehen auch keine Notwendigkeit darin, jeden Menschen davon überzeugen zu müssen, glücklicher zu werden. Wir wissen, dass nicht alles der eigenen Kontrolle unterliegt, dass alles der Veränderung unterworfen ist und dass es auch Zeiten der Regeneration und des Rückzugs benötigt, um Erfahrungen zu integrieren. Wie du deine Gewohnheiten priorisierst, liegt an dir. Wir geben dir hier nur Impulse und Anregungen mit auf den Weg. Mach dir auch selbst darin keinen Druck.

Natürlich kann es auch nicht glücklich machen, sein Lebensglück verbissen zu verfolgen oder sich daran zu klammern. Am Ende sollte die Freude am gegenwärtigen Moment – wie auch immer der sich zeigt im Vordergrund stehen. Denn äußere Lebensbedingungen sind weitaus weniger bedeutsam für unser Glücksempfinden als Eigenschaften wie die Nutzung unserer Charakterstärken, die Überzeugung hinsichtlich deines Selbstwertes, der Einsatz für unsere Werte und das Leben des dir selbst gegebenen Lebenssinns.

Und natürlich wirst du auch trotz Anwendung sämtlicher Techniken und Übungen, negative Emotionen und Gedanken erfahren. Sie werden dir aber bewusster, du wirst eine größer werdende Abscheu gegen deine Negativität entwickeln und einen größer werdenden Drang dich davon befreien zu wollen, erleben. Und du wirst schneller wieder auf die Beine kommen, wenn du ins Stolpern geraten bist. Denn du weißt ja, hinfallen darf jeder, - nur nicht liegen bleiben.

- „Das einzig Beständige ist die Veränderung."

Buddha-

2. Kann man wirklich glücklicher werden?

Zu 40 % ist unser Glücksempfinden von unserer Denkweise (engl. „mindset") abhängig und nur 10 % von den äußeren Umständen, wies Sonja Lyubomirsky, Professorin für positive Psychologie, an der Kalifornischen Universität, nach. Der restliche Prozentsatz ist auf unsere genetische Konstitution zurückzuführen (zum Beispiel Körperkonstitution, Anfälligkeit für bestimmte Krankheiten, Bewegungsdrang.

Für gewöhnlich versucht man oft die Umstände zu ändern, wenn man unglücklich ist. Da die äußere Realität allerdings eher unser Innenleben widerspiegelt, entspreche dies eher dem Vorhaben, sein Spiegelbild schminken zu wollen. Eine wirkliche Veränderung kann nur dadurch bewirkt werden, dass wir uns selbst ändern. Unser gewohnheitsmäßiges Denken, unsere Einstellungen, die damit einhergehenden Emotionen und unser Verhalten.

In der positiven Psychologie ist mittlerweile bekannt, dass die äußeren Ereignisse, wie Ehe, Kinder, Erfolg, Reichtum, Schönheit und sogar Gesundheit nicht den großen Effekt auf dauerhaftes Glück haben, von dem wir ausgehen, den wir teilweise erwarten und von dessen Ausbleiben wir dann oft enttäuscht sind. Wir gewöhnen uns einfach zu schnell an neue Gegebenheiten und alle diese äußeren Ereignisse sind Veränderungen unterworfen, die sich unserer Kontrolle entziehen.

Wenn wir uns ein dauerhaft glückliches Leben wünschen, ist es daher vielversprechender, wenn wir uns mit den eigenen positiven Stärken – dazu gehören vor allem Charakterstärken, und positive Emotionen befassen und diese im Alltag solange und sooft aktivieren, dass uns der Einsatz unserer Stärken zu einer neuen Gewohnheit und Routine werden. Dies ist ein lebenslanger Prozess und gerade die Freude am lebenslangen Lernen steht dabei ganz oben auf der Liste der Dinge, die tatsächlich dauerhaft glücklich machen.

3. Was erwartet dich in diesem Buch?

Wir werden deine Stärken, Bedürfnisse, Ziele und Ressourcen herausfinden.

Wir werden auf das Thema Selbstwertgefühl eingehen.

Schließlich widmen wir uns auch dem wichtigen Punkt des eigenen Lebenssinns und der eigenen Lebensziele oder auch der Lebensvision.

Diese Veröffentlichung ist ein Arbeitsbuch für Menschen, die aktiv ihr Lebensglück in die Hand nehmen wollen. Wir wollen dir hierbei verschiedene Möglichkeiten und Übungen aufzeigen. Jeder Mensch ist speziell und anders als in einem persönlichen Coaching Gespräch kann auf diese Weise zwar nicht auf die individuellen Bedürfnisse abgezielt werden, aufgrund der Vielfalt kannst du jedoch sicher jeweils einige Übungen heraussuchen, die dir persönlich entsprechen.

Um das Beste für dich rauszuholen, wäre es ratsam, wenn du dir auch wirklich ein Arbeitsbuch zurechtlegst und die Fragen und Übungen schriftlich bearbeitest. Manche Übungen werden aus verschiedenen Perspektiven beleuchtet, wodurch du vertiefter in deine Persönlichkeitsentwicklung und Selbsterkenntnis einsteigen kannst. Wir wünschen dir viel Freude und spannende Erfahrungen auf deiner Reise zu dir selbst und sind gerne für dich da, wenn du dir weitere Unterstützung wünschst.

Lass uns beginnen.

4. Übung: „Die dunkle Seite des Mondes“:

Zeichne einen Kreis, gleichsam den Vollmond am Himmel. Dann teile ihn in eine helle und eine dunkle Seite ein, so wie es deiner derzeitigen Verfassung entspricht und du es für dich selber fühlst.

- In die helle Seite schreibe hinein, was du alles Positives an dir wahrnimmst – deine Vorzüge, Fähigkeiten, Stärken und so weiter.
- In die dunkle Seite schreibe alles hinein, was dich ärgert, verletzt, beeinträchtigt und auch das, was schon in der Vergangenheit nicht gut gelaufen ist.

Nimm dir Zeit für Beides und schreibe dir auf, was in Zukunft mehr und was weniger werden soll.

IV. Krisen bewältigen

Wenn uns unser Leben nicht mehr zu bewältigen erscheint, sind wir in einer Krise.

Erschöpfung und das Gefühl von Überforderung sind ein wesentliches Merkmal einer Krise. Manchmal hilft es, wenn wir das Ganze zusammen mit einem neutralen Dritten (Coach oder Psychologe - je nach Schwere des gefühlten Leidens) aus einer anderen Perspektive betrachten. Denn in Krisenzeigen neigen wir zum „Tunnelblick“ oder „sehen den Wald vor lauter Bäumen nicht mehr“. Es gehört zum wertvollen Erfahrungsschatz eines Menschen dazu, auch die Talfahrten des Lebens zu kennen.

Drei Punkte sind uns vor allem wichtig:

- deine bereits vorhandenen Stärken zu stärken,
- dich von Bedingungen zu verabschieden, die dich runterziehen und Energie rauben,
- Ressourcen aufzubauen, die du zur Erreichung gegenwärtiger oder zukünftiger Ziele noch benötigst

Krisen gehören zum Auf und Ab des Lebens dazu. Sie zeigen uns Grenzen auf und geben uns den Anstoß, uns wieder auf uns selbst zu besinnen. Die Corona Krise hat uns alle betroffen und auch die Nachwirkungen werden noch einige Zeit spürbar sein. Viele wurden mit einer neuen Dimension von Überforderung, Polarisierung, Vereinsamung, sozialen Ängsten und Angst vor Krankheit konfrontiert.

Bei manchen kamen noch weitere Ursachen einer psychischen Krise hinzu – unter anderem Wertekonflikte im Freundeskreis oder in der Familie, Enttäuschungen, Kündigung, Trennungen, Gewalt und so fort. Sehr oft will man selbst nicht wahrnehmen, dass man am Ende seiner Kräfte ist und versucht, noch mehr aus sich heraus zu holen, sich abzulenken oder zurück zu ziehen. Teilweise wird dies durch Mittel versucht, die langfristig eher zu mehr Problemen führen, wie übermäßiger Konsum von Arbeit, Alkohol, Drogen oder unangemessenen Gefühlsausbrüchen. Letztere sind oft ein Versuch, die gefühlte Machtlosigkeit zu kompensieren.

Die psychische Krise ist dadurch gekennzeichnet, dass die bisherigen Versuche, belastende Ereignisse oder Lebensumstände zu bewältigen, fehlgeschlagen sind. Dadurch kann ein Empfinden von Hilflosigkeit und Ausgeliefertsein entstehen, das leider oft in destruktiven Verhalten sich selbst und anderen gegenüber mündet.

Negative Erfahrungen können noch lange negative Emotionen nachklingen lassen. Wut, Angst, Traurigkeit und alle anderen Gefühle dürfen als Erfahrungen wahrgenommen und angenommen werden. Nicht was uns in unserem Leben widerfährt ist entscheidend, sondern die Art, wie wir darauf reagieren.

Letztendlich wünscht sich jeder ein Leben, das vor allem durch innere Harmonie, Gelassenheit, Leichtigkeit und inneren Frieden gekennzeichnet ist.

Wir werden in diesem Abschnitt auf Fähigkeiten eingehen, die hilfreich sind, eine Krise zu bewältigen, auf Stressmanagementtechniken, hier vor allem dem Achtsamkeitstraining, der Beschäftigung mit den eigenen Ressourcen und den Möglichkeiten, die positive Energie in dir zu steigern.

1. Welche Fähigkeiten sind in Krisenzeiten hilfreich?

Wie lange eine Krise dauert, ist vor allem davon abhängig, wie schnell du dich an die neue Situation anpassen kannst (Anpassungsfähigkeit) und aus einer niedergeschlagenen Stimmung wieder zu einer erhobenen inneren Haltung zurückfinden kannst.

- „Nicht die Stärksten überleben, sondern diejenigen,

die sich am schnellsten an neue Lebensverhältnisse anpassen können“

-Charles Darwin-

(in Bezug zur Evolution von Tieren) -

Anpassungsfähigkeiten, die von uns in Krisenzeiten verlangt werden, sind vor allem:

1. Frustrationstoleranz
2. Ambiguitätstoleranz, also die Fähigkeit, Widersprüchliches zu ertragen und
3. Ungewissheitstoleranz

Oft setzen wir Widerstand oder Ignoranz einer gegenwärtigen Situation entgegen. Das kann sich zum Beispiel dadurch äußern, dass wir einfach nicht wahrhaben wollen, dass unserer Beziehung, unser Job, unsere Wohnverhältnisse oder was auch immer, uns mehr Kraft kosten, als das sie uns positive Energie schenken.

Maßgebend für die Dauer einer Krise ist unter anderem das Maß an Akzeptanz, das wir der Realität zugestehen. Der Volksmund sagt „Problem erkannt, Problem gebannt“. Wenn wir uns bewusst darüber sind, wo genau der Schuh drückt und hierin ehrlich und aufrichtig mit uns umgehen – selbst, wenn es Tränen, Wut oder andere negative Emotionen mit sich bringt – dann sind wir schon mindestens den halben Weg gegangen.

Fragen zur Selbstreflexion

Beantworte die nachfolgenden Fragen mit Hilfe einer Skala von 1-10.

Die 1 steht dabei für gering und die 10 für sehr hoch.

- Wie würdest du diese oben genannten Fähigkeiten für dich jeweils bewerten - bei einer Skala von 1-10?
- Fühlst du dich den Herausforderungen deines Lebens generell gewachsen? (bei einer Skala von 1-10)
- Wie hoch bewertest du deine „Steh-wieder- auf-Mentalität“ (beziehungsweise Resilienz Fähigkeit)?
- Wofür bist du dankbar?
- Was macht dich derzeit glücklich?
- Welche Bedeutung hat Stress für dich?

2. Stressmanagement

Hat „Stress haben“ für dich (auch) eine positive Bewertung? Bedeutet Stress für dich, wichtig zu sein, beschäftigt oder produktiv zu sein, weil du viel zu tun hast? Oder empfindest du völlige Ablehnung allein schon gegenüber dem Begriff?

Stress kann auch ein Gegengewicht zur Langeweile sein oder kann die „Übung“ zukommen, tiefer liegende Probleme nicht wahrnehmen zu müssen. So kann es vorkommen, dass man nach Schicksalsschlägen, Trennungen oder ähnlichen sich in seine Arbeit verkriecht, um sich abzulenken. Das kann für einige Zeit sogar sinnvoll erscheinen, weil es uns ablenkt. Es zehrt aber tatsächlich an unserer Energie. Die sogenannten „Workaholics“, also Menschen, deren Leben sich nur noch um die Arbeit dreht, vermeiden damit, sich mit unliebsamen Themen zu befassen. Dies kann im schlimmsten Fall zu Burnout führen.

Daher ist es wichtig, für sich selbst zunächst herauszufinden, ob das Thema „Stress“ eventuell eine positive Komponente hat. Denn wir können nichts loslassen, was uns wichtig ist und woran wir aus irgendeinem Grund hängen.

In diesem Zusammenhang ist es auch wichtig, zwischen Eustress und Distress zu unterscheiden und den Bewertungen, die wir selbst unserem Stressfaktor geben.

- Eustress („eu“ aus dem griechischen bedeutet übersetzt gut) wird der Stress bezeichnet, der uns Energie gibt, uns aufbaut und uns zu Höchstleistungen anspornt.

- Distress hingegen wird der Stress bezeichnet, der uns Energie raubt. Also eine schädliche, hinderliche Art von Stress.

  Es ist bekannt, dass Menschen, die glauben, sie hätten Stress und der Stress würde ihrer Gesundheit schaden, tatsächlich mehr an gesundheitlichen Einschränkungen durch Stress litten, als Menschen, die sagten, sie hätten Stress aber dies würde ihrer Gesundheit nicht schaden. Unsere mit dem Thema Stress verbundenen Glaubenssätze und die Bewertungen unserer Lebenssituationen sind also mitentscheidend für unser Stressempfinden und eventuell negativen gesundheitlichen Folgen von Stress.

  Ein weiterer Glaubenssatz, der mit Stress in Verbindung gebracht werden kann, ist die Vorstellung, man könne unter Stress und Druck bessere Leistung erzielen. Das ist aber, wie soeben beschrieben, höchstens zeitweise und mit „Eustress" möglich. Tatsächlich leisten wir auf Dauer besser und sind gesünder, wenn wir uns eher im „Flow" befinden, wenn die Dinge leicht von der Hand gehen, wir in unserem Element sind und mit Freude arbeiten.

  Stress kann sich in körperlichen Symptomen (unter anderem Schlafstörungen, Verdauungsproblemen, Verspannungen) zeigen oder auch in psychischen Symptomen (dauernd deprimiert sein, kaum mehr lachen, keine Lust mehr auf die Dinge haben, die einen mal Spaß gemacht haben, Rückzug usw.)

Übung: Bedürfnisse und Werte in Bezug zu Stress

Es ist auch wichtig, deine Bedürfnisse und Werte wahrzunehmen, die im Zusammenhang mit dem Thema Stress stehen. Wenn wir unser Bedürfnis nach Ruhe, Erholungsphasen und Auszeiten zur Regeneration missachten, kommen wir in eine Abwärtsspirale und fühlen uns dann irgendwann wie im Dauerlauf in einem Hamsterrad voller Verpflichtungen gefangen. Dann besteht die Gefahr, dass Stress chronisch wird.

Nutze eine Skala von 1-10 um dir deine Bedürfnisse und Werte im Zusammenhang mit Stress bewusst zu machen und ergänze die Liste um deine eigenen Aspekte.

Welche **Bedürfnisse** siehst du im Zusammenhang mit Stress?

- Bedürfnis nach Anerkennung
- Bedürfnis nach Zugehörigkeit
- Bedürfnis nach finanzieller Sicherheit

Welche deiner **Werte** stehen hier auf dem Spiel?

- Erfolg
- Wohlstand
- Soziale Anerkennung

3. Wie bekommt man wieder Zugang zu seinen Kräften und Ressourcen?

Da auch eine Krise Stress bedeutet, und uns erschöpft und ausgelaugt fühlen lässt, sind aktive Entspannungstechniken, die täglich genutzt werden, sehr hilfreich um schneller wieder in deine Kraft zu kommen.

Jeder hat seinen eigenen Biorhythmus. Das betrifft die Schlafdauer und die Schlafzeiten genauso wie das Bedürfnis zu gewissen Uhrzeiten seine Mahlzeiten einzunehmen, aber auch das Bedürfnis sich zu bewegen oder zu ruhen. Dazu kommen unterschiedliche Bedürfnisse abhängig von der Jahreszeit, dem Gesundheitszustand, dem weiblichen Zyklus und anderen Faktoren. Es ist wichtig, dir deiner Faktoren bewusst zu sein und hierauf im Tagesverlauf Rücksicht zu nehmen.

Um gut mit der eigenen Energie und Vitalität haushalten zu können, ist es wichtig, dich möglichst von negativen Energien fernzuhalten. Das heißt erstmal dir alles, was dich stresst, runterzieht, beängstigt bewusst zu machen und diese Umstände oder Beziehungen mehr und mehr mit solchen zu ersetzen, die dir positive Energien geben. Positive Energien können sich in Form von Freude, Begeisterung, Gelassenheit, Produktivität und so weiter zeigen.

Insgesamt sind gute tägliche oder regelmäßige Gewohnheiten sehr hilfreich, um nicht auf Dauer ausgepowert zu sein. Am meisten positive Energie hat man bei einer guten körperlichen Verfassung, zu der neben ausreichend Ruhe und Bewegung auch gute Ernährung gehört.

Übung: Notiere in deinem Arbeitsbuch deine 5 besten Möglichkeiten, dich zu entspannen und durch die du wieder Kraft schöpfen kannst.

Dies könnten zum Beispiel sein: Waldwanderungen, eine Badewanne genießen, Musik hören, mit einem Freund/-in über positive Dinge reden oder ein Gemeinschaftsspiel spielen, Yoga, Autogenes Training, sich kreativ betätigen, im Garten arbeiten, Handwerken, ein Puzzle machen und so weiter.

Zum anderen solltest du dich zumindest vorübergehend immer mal wieder von Menschen, Situationen oder Bedingungen verabschieden, die dich runterziehen. Hand aufs Herz: Was raubt dir mehr Energie, als es dir gibt?

Übung: Mache dir eine Liste von 100 Dingen, die dich nerven, ärgern, belasten, stressen und so weiter. Das können Kleinigkeiten sind, wie angeblich irgendeinen Knopf annähen zu müssen, über Projekte wie den Keller auszumisten, die du schon länger vor dir hinschiebst bis hin zu wirklich wichtigen Entscheidungen, die anstehen. Es handelt sich hierbei nicht um eine To-do-Liste, die du jetzt abarbeiten musst. Diese Liste soll nur dazu dienen, dir schwarz auf weiß Klarheit zu verschaffen, was derzeit alles so deine Energie raubt. Und nach und nach wirst du sehen, wie sich vieles davon auch von selbst erledigt oder du die wirklich wichtigen Dinge einfach anpackst oder einige Punkte von der Liste streichst, einfach weil sie dir egal geworden sind - „Müssen tust du Garnichts" und nichts muss perfekt sein. Auch du nicht.

Flow bedeutet, im Fluss zu sein. Damit ist auch eine gewisse „Ich-Vergessenheit“ gemeint, in der wir eine zunehmende Problemvergessenheit erleben können.

Flow ist das Mittelmaß zwischen Überforderung und Unterforderung und das ideale Mittel, um Stress zu vermeiden. Wir können Flow auch in unseren Hobbys erfahren, wenn es unsere Arbeit nicht hergibt.

Zum Beispiel mal besonders präzise arbeiten oder deine Arbeitszeit in Einheiten zu jeweils 25 Minuten tackten. Spielerische Elemente einfügen kann hilfreich sein. Vielleicht genügen ein paar Änderungen der Rahmenbedingungen, z.B. motivierende Musik, Deko oder ein neu organisierter Arbeitsbereich.

Übung:

- Bei welchen Tätigkeiten bist du im Flow?
- Wie kannst du deine Arbeit so umgestalten, dass dir die Zeit wie im Flow vergeht?
- Wann machst du Pausen und wie gestaltest du diese?

Ganz wichtig, ist es, sich täglich aktive Erholungsphasen zu gönnen. Wir erholen uns nicht wirklich vor dem Fernseher oder PC oder wenn wir unsere Entspannung von Medikamenten, Alkohol oder ähnlichem abhängig machen. Echte Entspannung muss oft erst wieder aktiv eingeübt werden. Das beginnt damit, sich für eine Entspannungstechnik zu entscheiden. Für diejenigen, die sich eher durch Bewegung erholen können, wäre es zum Beispiel hilfreich, mindestens drei Mal die Woche körperliche Tätigkeiten nachzugehen, wie Joggen, schwimmen, Wandern, Spazieren gehen, Yoga machen oder ähnliches. Auch wenn wir hierfür nicht mehr ausreichend Kraft haben oder uns eher in der Ruhe erholen können, kann es Autogenes Training sein, Lesen, bewusst entspannende Musik hören, bewusste Atemübungen, Meditation oder auch einfach mal nichts machen. Nutze auch kurze Pausen während der Arbeit bewusst – zum Beispiel in dem du ein paar tiefe Atemzüge an der frischen Luft machst und dich ganz darauf konzentrierst.

Übung: Selbsthypnose

Wie entwickeln wir positive Gedanken, Einstellung, Grundüberzeugungen und Glaubenssätze vor allem dann, wenn unsere Erfahrungen aus Kindheit und Entwicklung oft nicht so „o.k.". gewesen sind, uns Enttäuschungen, Kränkungen oder Verlust im Verlauf unseres bisherigen Lebens widerfahren sind und die Umstände aktuell nicht sehr günstig sind?

Die Selbsthypnose ist nicht so schwierig, wie es dem Namen nach scheint.

- Suche einen ruhigen, besinnlichen und angenehmen Ort auf und mache es dir bequem.
- Schließe die Augen, höre eine angenehme Musik und lass die Gedanken weiterlaufen. Hier hat Anstrengung keinen Platz. Auch wenn nicht sehr angenehme oder Gedanken von Ablenkung und Widerstand auftreten, lass auch diese zu.

- Lenke dann behutsam deine Aufmerksamkeit auf die Atmung. Beschreibe den Weg der Atmung über Nase, Mund und Luftröhre zur Lunge und mache dir bewusst, wie sich die Atemzüge verlangsamen, mehr in den Unterbauch ausströmen und voller, ruhiger und entspannter werden.

- Das Gleiche versuche mit dem Körpergefühl der Schwere. Scanne deinen Körper von unten nach oben und lasse der Reihe nach jedes Körperglied schwerer und entspannter werden

- Geh in einem Zustand der Schläfrigkeit (Trance), wie es bei Tagträumen oder im Halbschlaf passiert.

Wenn du den Körper in einen Ruhezustand versetzt, regeneriert er nicht nur von selbst und findet seine innere Balance, sondern wird auch sehr empfänglich für neue Gedanken, Impulse und Vorstellungen. Dies ist dann ein idealer Moment, um deine Affirmationen zu nutzen. Diese könnten sein:

- Erste Affirmation: „Ich bin ruhig und akzeptiere alle meine Gedanken, Impulse und Empfindungen."

- Zweite Affirmation: „Ich stelle mir einen schönen Ort vor, oder erinnere mich an eine schöne Situation oder lenke meine Aufmerksamkeit auf einen konkreten Wunsch."

Lass aber auch alles zu, was sonst noch in dein mentales Blickfeld kommt – wie gesagt nur keine unnötige Anstrengung oder ein unbedingtes Muss – man nennt dies freie Assoziation.

Wenn Du das mehrmals übst und trainierst werden sich neue Verknüpfungen in deinem Bewusstsein bilden, aktivieren und immer dann zur Verfügung sein, wenn du sie brauchst.

Affirmationen, oder auch Selbsthypnosetechniken und Autosuggestion sind sehr hilfreiche und wirkungsvolle Methoden, Selbstwert zu steigern, Kompetenzen zu Entwickeln und Einstellungen zu verändern.

Der französische Arzt Emile Coue hat schon vor vielen Jahren diese Methode erkannt, entwickelt und erfolgreich eingesetzt. Negative Erlebnisse und Gedanken hinterlassen immer Spuren im Gedächtnis, in der geistigen Verarbeitung und wirken sich auf unser Verhalten aus.

Positive Gedanken, Überzeugungen, Gefühle und Verhaltensweisen können einen solchen Kreislauf nicht nur blockieren, sondern so werden neue erfolgreiche Gedanken, Gefühle und Verhaltensmuster eingeübt, gelernt und durch die positiven Wirkungen werden sie stabil und bilden eine selbstbewusste Persönlichkeit.

Die psychologische Forschung bestätigt, dass Verhalten gelernt und auch verlernt werden kann. Affirmationen sind wie Übungen, die durch ihren Erfolg verstärkt und stabilisiert werden und so Gedanken, Einstellungen, Gefühle und Verhaltensweise in ganz neue Bahnen lenken können.

Übung:

Bitte schreibe dir diese Affirmation auf einen Zettel ab und klebe ihn an eine Stelle, die für dich gut sichtbar ist – zum Beispiel in der Küche, im Badezimmer, am Schreibtisch oder dort, wo du hinschaust, wenn du einschläfst oder aufwachst:

- „Von Tag zu Tag

In jeder Hinsicht,

geht es mir besser und besser.

Ich schaffe alles.

Es ist leicht."-

Du kannst natürlich auch eine andere Affirmation nutzen. Sei kreativ und verfasse verschiedene Affirmationen, die dich aufbauen und motivieren können.

5. Achtsamkeit

Normalerweise reagieren die meisten Menschen auf die Flut von Reizen und Informationen, denen wir täglich ausgesetzt sind, mit wertender und selektiver Aufmerksamkeit. Das heißt, wir entscheiden oft intuitiv oder auch unbewusst unseren Neigungen und Abneigungen entsprechend, mit welchen Themen wir uns befassen und welche wir nicht wahrnehmen wollen.

Die ist auch ein Selbstschutzmechanismus, da wir ansonsten mit zu vielen äußeren Faktoren konfrontiert wären. Oft ist dieser Selbstschutzmechanismus hilfreich. Manchmal kann er aber auch hinderlich sein. Dies ist dann der Fall, wenn man vorwiegend abwertend urteilt und sich oder die Umwelt als sehr negativ wahrnimmt.

Solche unbewusste Konditionierungsprozesse können durch Achtsamkeitstraining bewusst gemacht und dann auch verändert werden.

Achtsamkeit ist ein Zustand, in dem der Geist klar auf etwas Bestimmtes (z.B. Körper, Bild, Klang etc.) ausgerichtet ist. Sie wird auch definiert als selbstgesteuerte Aufmerksamkeit mit einer inneren Haltung von Neugier, Offenheit und Akzeptanz. Um zu lernen die eigene Achtsamkeit zu steuern, ist ein Achtsamkeitstraining sinnvoll durch das du sowohl das äußere Umfeld als auch die eigenen, inneren Vorgänge bewusster wahrnimmst und lernst, die inneren Bewertungen zu stoppen. Dadurch reagierst du dann weniger unbewusst, impulsiv oder gedankenverloren. Stattdessen werden immer mehr Handlungsalternativen in Betracht gezogen und du handelst mehr im Einklang mit den jeweiligen Anforderungen. Achtsamkeitstraining unterstützt auch die Konzentration und damit die Möglichkeit, Flow- Erlebnisse zu erfahren. Auch Kompetenz und Leistungsfähigkeit können dadurch gesteigert werden. Vor allem aber bewirkt Achtsamkeitstraining auch eine körperliche Entspannungsreaktion und trägt dadurch zur Regeneration bei.

Achtsamkeitsübungen:

1. Werde dir deiner 5 Sinne bewusst

- was hörst du gerade?
- Was riechest du?
- Was spürst du? (deine Kleidung, deine Sitzhaltung und ähnliches)
- Was siehst du?
- Was schmeckst du?

2. Atemzüge zählen. Hierfür zuerst kräftig ausatmen. Mach dir dann den nächsten Impuls einzuatmen, bewusst. Von da ab kommentierst du nur noch deine Atemzüge – „Einatmen, Ausatmen, eins“ und so weiter bis zum zehnten Atemzug. Alle anderen Gedanken lässt du weiterziehen. Für die paar Minuten spielen sie keine Rolle.

2. Zwischendurch kann auch immer mal wieder drei Mal hintereinander stoßweise, kräftig und lang ausgeatmet werden. Du konzentrierst dich dabei nur auf die Ausatmung und lässt sie so lang wie möglich werden. Der Einatmen-Impuls kommt automatisch. Der Hintergrund dabei ist, dass wir in Schrecksituationen unbewusst Einatmen aber es keinen entsprechenden Ausatem-Impuls gibt.

3. In stark überfordernden Situationen mache dir bewusst, durch welches Nasenloch du atmest und atme dann bewusst einige Minuten durch das andere Nasenloch. Hierfür benötigt man ein bisschen Übung und ein gutes Körperbewusstsein, aber es lohnt sich.

Übung:

Schreibe dir mindestens 5 Techniken auf, die dich entspannen und setze diese Woche täglich eine davon um. Schreibe dir die einzelnen Übungen in deinen Kalender und halte dich bei diesen „Terminen mit dir selbst" genauso verantwortungsbewusst daran, wie bei Terminen mit anderen. Rekapituliere spätestens am Ende der Woche, welche dieser Techniken für dich besonders entspannend sind und setze diese in den kommenden 3 Monaten täglich um.

Durch regelmäßige Entspannung werden auch deine Mußekompetenz und Kreativität sowie deine Entspannungsfähigkeit gesteigert. Fähigkeiten, die für unsere Lebenszufriedenheit auch sehr wichtig sind.

Entspannen kannst du auch gemeinsam mit anderen, zum Beispiel durch gemeinsames Lachen (auch in Form von Lach Yoga oder Lachtreffs), durch gemeinsames Spielen, Musizieren oder ähnlichem.

6. Ressourcen und Resilienz Training

Eine weitere wichtige Fähigkeit, dich aus einer Krise zu holen, ist die persönliche Resilienz, das heißt die innere Kraft, die dich wieder nach oben federn lässt (Begriff aus der Physik: resilere =zurück federn), nachdem du etwas Niederschmetterndes erlebt hast. Sie dient auch der eigenen Widerstandsfähigkeit gegenüber Krisen und macht dich resistenter. Wie gut diese bei dir bereits ausgebildet ist, ist abhängig von deiner Ressourcen-Ausstattung.

Ressourcen sind die äußeren und inneren Stärken oder Kraftquellen die du bereits hast oder noch erwerben willst. Nutze deine Kraftquellen, um deine Heilung zu fördern. Wir benötigen Ressourcen für die alltäglichen Herausforderungen, um unsere Ziele zu erreichen und insbesondere um aus Krisenzeiten so gut und schnell es geht wieder heraus zu kommen. Es geht hierbei um unser Potential. Mit einem gut entwickelten und genutzten Potential können wir unser Leben verbessern.

Zu Ressourcen zählen unter anderem:

- Werte
- Charakterstärken oder
- Tugenden.

Zum Beispiel die sogenannten „Zieltugenden“ nach Aristoteles. Diese sind Umsicht, Geduld und Ausdauer. Im Einzelnen:

Umsichtig handeln bedeutet hierbei weder überstürzt oder im blinden Aktivismus zu handeln, noch zu ängstlich und mutlos.

Geduld, ist bei der Erreichung von Zielen gerade dann gefragt, wenn wir auf Hindernisse treffen und es dadurch zu Verzögerungen kommt, aber auch wenn wir unrealistische Erwartungen hatten und die benötigte Zeit unrealistisch kalkuliert hatten. Aus solchen Erfahrungen können wir lernen und auch unsere Zeitpläne anpassen.

Ausdauer ist gefragt, wenn sich die gewünschten Erfolge nicht einstellen wollen oder unsere Lösungsversuche nicht auf die erwünschte Resonanz stoßen. Dann heißt es, wieder aufzustehen, neue

Ideen zu entwickeln, Zuversicht und Optimismus zu aktivieren und uns motiviert weiter an die Arbeit zu machen.

Weitere Beispiele für Ressourcen:

1. ***Persönliche Ressourcen,*** also solche, die du selbst mitbringst

1. Psychische Ressourcen, wie Einfühlungsvermögen, Solidarität, Altruismus
2. Körperliche Ressourcen, wie Gesundheit, Fitness, physische Attraktivität.
3. Bildung oder Wissen
4. günstige Persönlichkeitseigenschaften wie Optimismus; Emotionsregulation, Handlungsressourcen
5. zwischenmenschliche Ressourcen, wie Beziehungsfähigkeit, Konflikt- oder Kritikfähigkeit
6. Finanzielle Ressourcen, z. B. Geld, Eigentum, Einkommen.
7. Naturverbundenheit

2. ***Externe Ressourcen***, also solche, die du dank anderen hast:

1. Positive, unterstützende, enge soziale Beziehungen, die dir sozialen Austausch und Integration, Unterstützung und Zugehörigkeit geben können (Partner, Familie, gute Freunde).
2. soziale Ressourcen im Sinne von Gruppen, zu denen du dich zugehörig fühlst.: Zum Beispiel Soziale

Einbettung, Ideelle Gruppe, Gemeinschaft von Gleichgesinnten.

3. Deine soziale Umwelt, dazu gehört Wohnumfeld, Arbeitsumfeld, Infrastruktur und so weiter

4. Sozialstaatliche und soziokulturelle Ressourcen, wie Zugang zu Bildungs-, Gesundheits- und kulturellen Angeboten, Rechtsstaatlichkeit.

Übung: Wenn du schon mal in einer Krise warst, wer oder was hat dir geholfen, da wieder raus zu kommen?

- Was an eigenen inneren Kraftquellen?
- Wan an äußeren Kraftquellen?

Während einer Krise kann das Gefühl aufkommen, gar keine Ressourcen mehr zu haben oder der Verlust einer oder mehrerer Ressourcen droht (z.B. Arbeitsplatz und der dazugehörigen sozialen Kontakte). Wir können auch in eine Krise geraten, wenn wir nicht den angemessenen Zugewinn für das, was wir für den Erhalt einer Ressource investiert haben, zurückerhalten (z.B. nicht die Note, für die wir gelernt hatten, die Beförderung die anstehen sollte oder nicht den Verdienst, der unserer Ausbildung entspreche). In diesem Fall hat man Ressourcen eingesetzt (Zeit, Fähigkeiten, Geld usw.), um zu einem Ressourcenzuwachs zu gelangen (Beförderung, gute Abschlussnote, gut bezahlter Arbeitsplatz oder ähnliches), der aber ausblieb. All diese Erfahrungen verursachen Angst (Angst, nicht mehr mit den anderen „mithalten“ zu können, Angst vor sozialem Abstieg, Ausgrenzung, Isolation - Stress ist die Folge. Auf die Arbeitssituation bezogen, wird das Burnout-Syndrom als äußerster Fall aufgebrauchter persönlicher Ressourcen aufgefasst.

Selbstreflexionsfragen:

- Inwiefern ist dein Körper für dich eine Ressource? Ist dein Körper derzeit für deine täglichen Herausforderungen einsetzbar? Müsstest und könntest du etwas verändern, damit das so ist? Bist du derzeit gesund genug, um deine Ziele zu erreichen?
- Inwiefern ist dein derzeitiges soziales Netzwerk eine Ressource für dich? Auf wen kannst du dich wirklich verlassen? Welche Beziehungen solltest du eventuell besser auflösen oder versuchen, sie zu verändern? Welche Person nimmt dir eher Energie, als dass sie dir welche im Austausch gibt? Auf wieviel Menschen in deinem beruflichen und privaten Umfeld trifft dies eventuell noch zu?
- Hältst du dich für einen liebenswerten Menschen? Von wem möchtest du dies bestätigt bekommen? Bist du gerne mit Menschen zusammen?
- Kannst du auch mal „Nein" sagen, wenn du um Gefälligkeiten gebeten wirst? Und umgekehrt: Kannst du gut andere um Gefälligkeiten bitten – und eventuell ein „Nein" einstecken?
- Hast du Zugang zu deinen Gefühlen und Bedürfnissen?
- Inwiefern ist deine berufliche Tätigkeit für dich eine Ressource? Macht dir deine Arbeit größtenteils Freude oder arbeitest du nur, um deine Rechnungen bezahlen zu können und das „Hamsterrad" am

Laufen zu halten? Ist deine Übung interessant? Wie machst du dich so? Wie sehe dein nächster Karriereschritt aus?

- Hast du Ziele in deinem Leben? – oder sogar eine Lebensvision?
- Kennst du deine Stärken und Schwächen?
- Wie lange brauchst du, um private Enttäuschungen und berufliche Niederlagen beiseitezulegen?
- Inwiefern bist du materiell abgesichert? Was könntest du tun, um diese Situation noch zu verbessern? Machst du dir viele Sorgen deswegen?
- Welche Normen und Werte hast du und auf welche Weise kannst du diese leben? Wer teilt sie mit dir und wer nicht? Wie gut kannst du mit Normenkonflikten umgehen?
- Ist das, was du derzeit tust, sinnvoll und sinnstiftend? Wie sehe gegebenenfalls eine solche Tätigkeit für dich aus, falls die derzeitige dem nicht entspricht?
- Hast du den Eindruck, dein Leben in der Hand zu haben und selbstbestimmt zu handeln? – oder tust du lieber, was andere von dir erwarten?
- Was könntest du kurzfristig, mittelfristig und langfristig tun, um dein Selbstbild stabiler zu machen?

Vergiss nicht: Die Natur ist eine immer vorhandene und großartige Ressource, die du täglich ausgiebig nutzen solltest.

Übung:

Geh raus, suche dir einen Kraftort und genieße bewusst mit allen Sinnen die Natur so bald wie möglich.

5. Stärken stärken

Ob es das Lernen von Sprachen ist, ein Musikinstrument spielen, Techniken zur Meditation oder Persönlichkeitsentwicklung anwenden - das, womit du Dich gerne beschäftigst, ist ein Spiegelbild deiner Fähigkeiten und Stärken. Diese werden gerade in Krisenzeiten relevant, da sie den Hebel besitzen, uns wieder in eine bessere Stimmung versetzen zu können.

Übung: Bist du dir deiner Stärken bewusst?

- Womit befasst du dich gerne?
- Was inspiriert dich?
- Auf welche positiven Dinge und Erfahrungen ist deine Aufmerksamkeit täglich gerichtet?
- Welche Themen interessieren dich derzeit besonders?
- Was fällt dir leicht?
- Womit könntest du dich gerne den ganzen Tag beschäftigen?
- Was läuft in der Regel gut?
- Womit bist du zufrieden?
- Wobei erfährst du Spaß und Lebensfreude?

- Wobei hast du zuletzt Erfüllung oder Stolz erfahren?
- Was macht dich dankbar?
- Was macht dich zuletzt so richtig glücklich gemacht?
- Was bedeutet Genussfähigkeit für dich?
- Was bedeutet Mußekompetenz oder Entspannungsfähigkeit für dich?
- Worüber hast du zuletzt herzhaft lachen können?
- Wann bist du in deinem Element?
- Unter welchen Bedingungen läuft es, wie von selbst?
- Worauf freust du dich?

Gehe diese Woche diesen Fragen nach. Schreibe alles auf, was Dir in den nächsten Tagen dazu einfällt.

Das, was du gerne machst, machst du oft auch im Flow. Und Flow ist ein Zustand, in dem man aktiv ist und ganz im Tun aufgeht, ohne das, was man tut zu bewerten. So macht das, was wir tun am Meisten Freude und wir lernen auf diese Weise auch schneller dazu, als wenn wir etwas lernen müssen, weil es andere von uns verlangen („Fremdbestimmt“).

Hieran zeigt sich auch schon der Unterschied zwischen intrinsischer (von Innen kommender) und extrinsischer (von außen kommender) Motivation. Denn für das, was unseren eigenen Stärken und Fähigkeiten entspricht und uns Freude macht, müssen wir keine Energie aufbringen – im Gegenteil, das gibt uns sogar positive Energie zurück. Vergiss nicht: Die Motivation kommt mit dem Tun! Warte nicht darauf, bis du motiviert bist, dich mit Deinen

Interessen zu befassen. Komm ins Tun und lasse es zu, dass du in den Flow kommst. Vielleicht hilft es dir dabei, dein Handy etc. auszuschalten oder die passende Musik zu hören.

Falls du jetzt aber denkst, „ich habe gar keine Zeit, mich mit Dingen zu befassen, die mir Freude machen“, frage dich achtsam, woran das liegt. Es gibt Lebensphasen, in denen man all seine Kräfte auf die Erreichung eines Zieles fokussiert. Aber diese Phasen sollten ununterbrochen höchstens ein paar Monate dauern. Pausen und regelmäßige Auszeiten sind mindestens genauso wichtig für die Erhaltung unserer mentalen Gesundheit, wie die Erreichung eines Zieles. Wenn dein Angst- oder Stresspegel schon so hoch ist, dass du keine Freude mehr an deinen Hobbys empfindest, lass dich bitte psychologisch unterstützen.

Die Begeisterung dafür, Neues zu lernen aber auch alte Interessen und Hobbies zu pflegen und hierin unsere Kompetenzen zu erweitern, ist ein erster wichtiger Baustein für ein glückliches und gesundes Leben.

Übung:

Liste mindestens 5 Beschäftigungen auf, die dir Freude machen und baue sie die nächsten Wochen regelmäßig in deinen Wochenplan mit ein.

- „You can´t stop learning,

´cause Life wont stop teaching you.“-

Lebenslanges Lernen, mit Neugier und einen offenen Geist (open mind), gibt dir weitere Lebensenergie. Wenn wir voller positiver Energie und im Flow sind, ist das Leben leicht und erfreulich. Wir wollen mehr davon und gehen mit einer offenen Haltung durchs Leben. Diese positive Ausstrahlung bewirkt wiederum weitere positive Erfahrungen, die unser Selbstwertgefühl stärken und unser Lebenszufriedenheit verbessern.

Wir alle sind es aus der Schulzeit und oft auch noch in späteren Zeiten gewohnt, das von uns verlangt wird, Dinge zu lernen, die uns nicht interessieren. Mit denen wir sogar Schwierigkeiten haben. Und schlimmstenfalls nimmt uns der Misserfolg, der damit verknüpft ist, die ganze Freude am Lernen.

Daher ist es wichtig, hier selektiv vorzugehen. Wir müssen nicht alles Lernen wollen, wir müssen nicht in allem gut sein. Wir können auch Fehler machen und dazu lernen. Learning by doing („Lernen durch Handeln"). Jeder in seinem Rhythmus, du in deinem. Egal, wie das von außen bewertet und beurteilt wird.

6. Pessimist oder Optimist?

Eine Person, die ihren Einflussbereich als sehr gering ansieht und eher die Schwierigkeiten als die Möglichkeiten im Blick hat, wird als eine Person, mit verschlossener Denkweise, beziehungsweise als pessimistisch, bezeichnet. Verallgemeinerungen wie „alles läuft schlecht in meinem Leben", „das schaffe ich nie", „immer mache ich was falsch" und so weiter sind charakteristisch für einen Pessimisten.

Dagegen ist eine optimistische Person, eine die sich etwas zutraut, ein starkes Selbstwertgefühl und Freude an Herausforderungen hat, also eine Person mit offenem Geist bzw. Denkweise. Bei Fehlschlägen spezifiziert der Optimist und beschränkt sich auf den Einzelfall. Formulierungen, wie „diesmal lief es nicht so gut“, „hierbei ist mir ein Fehler unterlaufen“ oder „in diesem Bereich fühle ich mich noch nicht kompetent genug“ zeichnen einen Optimisten aus.

Selbstreflexionsfragen:

du kannst die Fragen schriftlich beantworten oder dir eine Ziffer von 0 bis 10 geben für 0= stimmt gar nicht und 10= stimmt absolut:

- Was ist dir lieber: Routineaufgaben oder neue Herausforderungen? – In welchem prozentualen Verhältnis stehen sie zueinander, z.B. Halbe-halbe = 50:50?
- Wie geht es dir, wenn von dir neue Aufgaben verlangt werden oder Aufgaben, bei denen die Fehleranfälligkeit groß ist?
- Wie fühlst du dich, wenn du für deine Tätigkeiten mehr Zeit brauchst als andere oder als du es von dir erwartet hast?
- Glaubst du, dass du bis ins hohe Alter neue Dinge lernen kannst und dir neue Fähigkeiten aneignen kannst?
- Glaubst du daran, dass du deine Intelligenz verbessern kannst?
- Findest du es gut, Neues zu lernen, auch wenn es dir anfangs schwerfällt – oder schreckst du davor eher zurück?
- Wie verhältst du dich, wenn es schwierig oder mühsam wird? Lässt du es sein, und suchst dir

etwas, was dir leichter fällt? Oder beißt du dich durch, egal wie hart es ist?

- Glaubst du daran, dass ein Mensch entweder bereits mit Talenten und Fähigkeiten auf die Welt kommt oder daran, dass man sie im Laufe seines Lebens auch erwerben kann?
- Bist du ehrgeizig oder ambitioniert? Und haben diese Begriffe eine negative oder eine positive Wirkung auf dich?
- Glaubst du daran, dass man sein Potential entfalten kann?

Mache hier bestenfalls erstmal eine Pause. Im Anschluss machen wir uns an die Auswertung.

Auswertung:

Versetze dich nun in die Rolle eines Menschen, der dich vollkommen wertschätzt und nur das Beste für dich will, der nicht über dich urteilt, sondern nur wissen will, wo du gerade stehst in der absoluten Überzeugung, dass du vieles verändern kannst, falls du es willst und dass du es verdient hast, glücklich zu sein.

Lese dir dann deine Antworten nochmals in Ruhe durch. Wie würdest du diesen Menschen, der diese Antworten gegeben hat, beschreiben:

- Eher als jemanden, der stark daran glaubt, dass seine Talente, Fähigkeiten und seine Intelligenz vorgegeben und unveränderbar sind?
- Jemand, der bei Schwierigkeiten das Gefühl bekommt, es läge an seinen eigenen mangelnden Fähigkeiten und er/sie wäre einfach nicht gut genug

und dass sich derjenige besser mit anderen Dingen befassen sollte, die leichter fallen?

- Glaubt diese Person, dass Erfolge einfach zu erreichen sein sollten und keine Mühe und Anstrengung machen sollten?

- Oder glaubt diese Person eher daran, dass Sie ihr Leben lang lernen, wachsen und sich verbessern kann?

- Hat sie vielleicht sogar Freude daran, sich neuen Herausforderungen zu stellen – auch wenn sie anfangs nicht gut darin ist, Fehler macht oder sogar Misserfolge erlebt?

Vielleicht siehst du diese Person auch eher im Mittelfeld, als jemand, der sich nicht sicher ist, ob er seine Fähigkeiten verbessern kann oder sich Neue aneignen kann. Dem es vielleicht wichtig ist, in den Dingen, die er bereits kann möglichst gut zu sein und sich lieber nicht auf neues Terrain begibt. Viel von unserer Einschätzung ist natürlich auch geprägt von den Werten der Menschen, die uns umgeben. Schreibe alle deine Beobachtungen hierzu auf. Welche Erkenntnisse gewinnst du hierdurch über dich?

7. Fazit

Die erste Maßnahme bei einer persönlichen Krise ist es, diese als solche zu akzeptieren, auch wenn es verständlich ist, dass du dir so schnell wie möglich wieder einen besseren Gefühlszustand wünschst. Nimm dich und deine Lebenssituation so an, wie sie sind. Letztendlich ist es gut so, wie es ist, auch wenn manches erst zu einem späteren Zeitpunkt in einem positiven Licht betrachtet werden kann. Wir alle machen Entwicklungsprozesse durch, die zeitweise auch schmerzlich sind. Aber so wachsen wir. Und Wachstum ist Leben.

Nimm dir regelmäßig eine Auszeit. Egal wie kompliziert und undurchführbar dir das erscheinen mag. „Ich habe keine Zeit, mich zu erholen“ sollte als Warnsignal verstanden werden. Regelmäßige aktive Entspannung ist wichtig, um dich eine Zeit lang von sämtlichen Verpflichtungen, die dich belasten, zu lösen. Hole dir die Unterstützung, die nötig ist.

Finde realistische Lösungen, statt dich in Schuldzuweisungen oder Selbstmitleid zu ergehen.

Stelle dir immer mal wieder die Fragen:

- Was sollte ich von jetzt an anders machen?
- Was ist der nächste Schritt?

Denn auch eine Reise von 1000 Schritten, beginnt mit dem ersten Schritt. Und wenn es dein Ziel ist, glücklich zu sein, gehe heute den ersten Schritt und dann einen nach dem anderen. Bleibe bei dir und deinem Atem, in deiner Mitte, denn in der Ruhe liegt die Kraft. Und auch im Auge des Orkans, ist Ruhe. Was auch immer um dich herumtobt, sei stabil wie ein Baum, der seine Wurzeln bei jedem Sturm nur tiefer in den Boden gräbt und sei flexibel wie ein Baum, der sich mit dem Wind beugt - statt sich ihm entgegen zu stellen und dadurch droht zu zerbrechen.

V. Sinnvoll Leben

Schicksalsschläge, Katastrophen, Unfälle, Kriege, Krankheiten und zuletzt auch insbesondere Corona lassen die Frage nach dem Sinn insgesamt wachsen und sie berührt einen jeden von uns.

Die Pandemie stellt unsere Gesellschaft weltweit vor unterschiedliche Herausforderungen und hat viele Krisen, damit auch Sinnkrisen ausgelöst: akute Überlastung in der Gesundheitsversorgung, massive Einschränkungen des öffentlichen Lebens, die wiederum zu ökonomischen Verlusten führten und viele Menschen in ihrer persönlichen Existenz bedrohten.

Ratlosigkeit hierbei, ist die erste Vorbedingung, mit solchen Erfahrungen zu lernen umzugehen. Die nächste allzu menschliche Reaktion ist Wut (auf die vermeintlichen Verursacher, auf die Politiker und so weiter.) Auch diese Gefühle verdienen Respekt und Würdigung - aber zur Lösung der Sinnfrage tragen sie wenig bei.

Eine hilfreiche Fähigkeit, die uns in solchen Zeiten Kraft gibt ist das, was die Persönlichkeitsforschung als Ambiguitätstoleranz beschrieben hat: Das Leben mit Widersprüchen und das Aushalten von Diskrepanzen. Ambiguitätstoleranz beschreibt die Fähigkeit, mit Uneindeutigkeit und Unsicherheit konstruktiv umzugehen. Die innere Bereitschaft, diese Widersprüche auszuhalten, die Abwehr vorschneller Antworten, das Aushalten des damit verbundenen Leidens führt zur Fähigkeit der Ambiguität. Die Sinnfrage wird dadurch nicht ausgeklammert, sie wird nur mit der Fähigkeit verbunden, dass man nicht alles wissen und erklären muss. Sokrates, der weise Philosoph des Altertums hat es so bezeichnet: „Ich weiß, dass ich nichts weiß".

- „Du musst das Leben nicht verstehen,
dann wird es werden wie ein Fest.
Und lass dir jeden Tag geschehen
so wie ein Kind im Weitergehen
von jedem Wehen sich viele Blüten schenken lässt.

Sie aufzusammeln und zu sparen,
das kommt dem Kind nicht in den Sinn.
Es löst sie leise aus den Haaren,
drin sie so gern gefangen waren,
und hält den lieben jungen Jahren
nach Neuem seine Hände hin."

Rainer Maria Rilke-

Wenn es im Bereich Coaching um die Frage nach dem Sinn geht, haben uns hierbei vor allem diese großen Vordenker geprägt:

1) Viktor E. Frankl (1905 bis 1997), Psychiater, Holocaust-Überlebender und Begründer der Logotherapie. Der Begriff „Logo" kommt aus dem Altgriechischen und steht für Sinn und Vernunft.

Sinn, wird nach der Logotherapie, immer als eine besondere Art der Gestaltung einer Situation und in Bezug auf eine konkrete Lebenssituation verstanden. Insofern ist die Antwort darauf immer einzigartig und von Menschen zu Menschen verschieden. Das Streben nach Sinn im Leben gilt nach der Logotherapie, als die primäre Motivationskraft des Menschen. Heilung kann durch Sinnfindung geschehen. Darüber hinaus dient Sinnfindung auch als Ressource, um gegen zukünftiges Leiden besser gewappnet zu sein.

2) Alfred Adler (1870 -1937), der neben Sigmund Freud und Carl Jung zu den drei Giganten in der Welt der Psychologie gehört. Er ist der Begründer der Individualpsychologie, die sich mit einer ganzheitlichen Sicht des Menschen und seiner sozialen Beziehungen befasst. Anders, als es der Name „Individualpsychologie“ erwarten lässt, versteht Adler den Menschen als soziales Wesen und versteht sein gesamtes Denken, Fühlen und Handeln aus seinen sozialen Bezügen heraus. Entsprechend sind für ihn Zivilcourage und das Engagement für Andere, der Dreh und Angel Punk, für ein sinnvolles Leben. Zu einigen seiner bekanntesten Aussagen gehören:

- „Alle Probleme sind zwischenmenschliche Beziehungsprobleme.“
- „Der Mensch kann sich ändern und von diesem Moment an glücklich sein.“
- „Wir können uns in nur 14 Tagen von unseren Depressionen heilen, wenn wir uns nur täglich darüber Gedanken machen, wie wir anderen helfen können“

- „Das Problem ist nicht die Fähigkeit, sondern der Mut.“

3) Gegenwärtig hat auch Prof. Dr. Paul Wong in der Positiven Psychologie einen maßgeblichen Beitrag zum Forschungsgebiet des Sinnerlebens geleistet. Seine „meaning therapie“ basiert auf Frankls logotherapeutischen Prinzipien.

- „Wer ein Warum zu leben hat,

erträgt fast jedes Wie“

Friedrich Nietzsche

Dieses Nietzsche-Zitat war der Leitsatz Viktor E. Frankls -.

1. Was gibt deinem Leben Sinn? Wozu lebst du?

Sinn ist die gelebte Antwort auf die brennende Frage: Wozu lebe ich? Jeder will wissen und spüren, wozu er da ist, wofür er etwas machen soll und in welchem Kontext, unerwünschte Erfahrungen einen Sinn ergeben. Im Coaching geht es nicht darum, was den Lebenssinn an sich ausmacht oder um philosophische Betrachtungen, sondern vielmehr um die persönliche Lebensfrage in Bezug auf ein derzeit anstehendes, konkretes Lebensthema.

Nach Sinn suchen wir vor allem, wenn wir leiden. Und damit bekommt auch das Leiden einen Sinn. Denn die Auseinandersetzung mit unserem Leben, ist wichtig für unsere persönliche Weiterentwicklung. Wenn uns unsere gegenwärtigen Erfahrungen als vorwiegend sinnvoll erscheinen, gibt uns dies Lebenskraft, Freude und Motivation. Und es ist möglich, selbst in der ausweglosesten Situation noch einen Sinn zu erkennen, wie es Viktor E. Frankl vorgelebt hatte. Er hat das Konzentrationslager unter dem Nationalsozialismus nicht nur überlebt, sondern diese Zeit sogar für seine eigene persönliche Entwicklung und als Forschungsgebiet für das Sinnerleben nutzen können. In dieser, für viele anderen völlig ausweglosen Situation, in der sich viele schon selbst aufgegeben hatten, hat er sich mit der Frage befasst, was einem Menschen, trotz Allem, noch Sinn und Motivation zu leben, geben kann.

Selbstreflexion:

- Was (alles) stellt einen Sinn in deinem Leben dar?
- Spürst du, wofür du im Grunde lebst?
- Wie stellst du dir ein sinnerfülltes Leben vor? – Was wäre anders (persönlich, emotional, gesundheitlich, in deinen Beziehungen)
- Hast Du eine erfüllende Übung – und wenn nicht, welche Übung würde dir etwas bedeuten?
- Welche Werte hast du? Was ist dir wichtig?
- Hast du eine Lebensvision, die du verwirklichen willst?
- Welche Ziele hast du?
- Was ist dein Beitrag für diese Welt? Was möchtest du hinterlassen?

Schreibe hierzu im Rahmen des expressiven Schreibens mindestens eine halbe Stunde alles auf, was dir dazu einfällt. Gehe wohlwollend mit dir um, wenn es dir schwerfällt, hierauf sofort Antworten zu finden. Wenn dir Garnichts einfällt, schreibe dir die Fragen ab und poste sie auf Post-it an Stellen, die du täglich öfters siehst. Lass dir ein paar Tage Zeit, damit sich die Antworten hierauf entwickeln können.

2. Die Logotherapie basiert auf 3 zentralen Aussagen:

1) Alles eine Frage der Einstellung: „Die letzte der menschlichen Freiheiten besteht in der Wahl der Einstellung zu den Dingen."

Das heißt, selbst in so ausweglosen Lebenssituationen, wie Frankl sie erlebt hatte, besitzen wir letzten Endes immerhin noch die Freiheit, unsere Einstellung zu anderen Menschen oder unserer Lebenserfahrung zu verändern, also eine andere Perspektive zu der Situation zu suchen, in der wir uns befinden. Er selbst hat diese ausweglos scheinende Situation dafür genutzt, sie aus der Perspektive eines Forschers im Bereich Sinnfindung zu nutzen. Wenn es sein muss, ermöglicht uns die Freiheit unseres Willens die Priorisierung unserer Werte oder auch unserer darauf basierenden Lebenseinstellung zu verändern. Statt einer Opfermentalität, bei der man sich als Opfer eines unbarmherzigen Schicksals sieht, sollte man seine Perspektive ändern und versuchen, etwas aus der Situation zu machen. Diese Freiheit kann uns keiner nehmen.

2) Der uns innewohnende Wille zum Sinn.

Sinn basiert auf unseren Werten und unserer Verantwortung. Wir sollen unsere Werte verantwortungsbewusst leben. In diesem Zusammenhang ist auch eine universelle Ethik angesprochen. Hiermit wird die Notwendigkeit angesprochen, dass es Werte, wie Menschlichkeit oder Frieden geben muss, die für uns alle einen Wert haben und es keinen verantwortungsbewussten Wert geben kann, der zum Beispiel Krieg und Gewalt rechtfertigt.

3) Sinn entsteht immer durch unser persönliches, wertbezogenes Handeln in Bezug auf eine spezielle Situation oder einen speziellen Lebensbereich („situationsbezogener Sinn“).

Übung:

Um welche konkrete Lebenssituation geht es dir derzeit? In welchem Lebensbereich (oder auch mehreren) kannst du derzeit keinen oder wenig Sinn erkennen? Lebensbereiche können hierbei sein: Gesundheit, Beruf, Beziehungen, Persönliche Ziele und so fort.

Üblicherweise fragen wir uns erst nach dem Sinn, wenn wir unglücklich sind. Manchmal führt das dazu, dass wir dadurch die anderen Lebensbereiche, die eigentlich gut laufen, nicht mehr so wahrnehmen und wir in eine pessimistische Haltung geraten. Also schreibe dir auch alle Lebensbereiche auf, mit denen du derzeit eigentlich ganz zufrieden, dankbar oder sogar glücklich sein kannst.

3. Was liegt in deiner Macht?

Die Frage nach dem, woran du leidest steht oft im Zusammenhang mit dem, was dich stresst. Wenn du verantwortungsbewusst und lösungsorientiert bist, wünschst du dir wohl eine schnelle Veränderung herbeizuführen. Und hierbei stoßen wir dann teilweise auf die Grenzen unseres Machtbereichs. Wenn wir unser Leben verbessern wollen, ist es am wichtigsten uns auf das zu fokussieren, was wir auch ändern können. Dagegen ist es eine Verschwendung von Zeit- und Energie, Dinge kontrollieren oder verändern zu wollen, die nicht in unserem Machtbereich liegen.

Ein moderner Forscher auf dem Gebiet der Sinnfindung und der positiven Psychologie ist der kanadische Psychologe Prof. Dr. Paul Wong. Er hat eine Liste aufgestellt, die dir als Orientierung dienen kann, in welcher Hinsicht es in deinem Verantwortungs- und Einflussbereich liegt, etwas ändern zu können. Differenzieren kann man, nach Dr. Wong, zwischen äußeren und inneren Stressoren und diese wiederum in kontrollierbare und nicht kontrollierbare Stressoren:

Die **äußeren** kontrollierbaren Stressoren können sein:

- Beziehungskrisen
- Toxische Beziehungen
- Mobbing
- Leistungsdruck
- Berufsschwierigkeiten etc.

Äußere *unkontrollierbare* Stressoren können sein:

- Umweltkatastrophen
- Wirtschaftliche Faktoren
- (Bildungs-)politische Entscheidungen
- Soziale Ungerechtigkeit

Innere **kontrollierbare** Stressoren können sein:

- Mangelndes Selbstwertgefühl
- Verantwortungsloses oder naives Verhalten
- Sich in die Erreichung eines Zieles zu verbeißen
- Opfermentalität usw.

Innere ***unkontrollierbare*** Stressoren können sein:

- Die Angewohnheit pessimistisch und negativ zu denken und zu fühlen
- Existenzielles Leiden (am „sinnlosen Leben", wie Viktor Frankl es bezeichnet)
- Unerwünschte körperliche Eigenschaften (äußerlich oder auch innerlich)
- Die eigenen Schattenseiten

- „Der Sinn des Lebens ist es,

dem Leben einen Sinn zu geben“

-Paul Wong--

Die Frage, was wir eigentlich unter Kontrolle haben, was genau wir ändern können oder in wieweit wir mit Gegebenheiten und der Realität klarkommen und sie akzeptieren müssen, ist ein wesentlicher erster Schritt hin zu einem sinnvollen, erfüllenden Leben.

Gedankenimpuls:

Hand aufs Herz, fühlst du dich eher als Opfer deiner Lebensumstände oder eher als Gestalter deines Lebens?

Nimm wahr, was an Gedanken, Argumenten oder Rechtfertigungen dir hierzu in den Sinn kommen. Mache dir deine Notizen.

Möglicherweise kannst du an dieser Stelle gut mit „The Work“ von Katie Byron arbeiten. Auf ihrer Website findest du die Anleitung dazu. „The Work“ dient dazu, deine Gedanken, ehrlich und aufrichtig zu hinterfragen. Da wir alle eine subjektive Wahrnehmungsebene haben und uns teilweise mit Gedanken identifizieren die uns eher schaden als nutzen, ist diese Übung sehr gut geeignet, um dich von negativen Gedankenmustern zu befreien.

- „Herr, gibt mir die Kraft,

Dinge zu ändern, die ich ändern kann.

Gib mir die Gelassenheit,

Dinge anzunehmen, die ich nicht ändern kann.

Und gib mir die Weisheit,

das eine vom anderen zu unterscheiden."

Möglicherweise Franz von Assisi-

4. Handeln im Rahmen unserer Möglichkeiten
   Wir können unsere Lebensumstände verändern. Hierzu benötigen wir die Fähigkeit, uns die Ziele zu setzen, die unseren Fähigkeiten und Möglichkeiten entsprechen und die notwendige Motivation, Durchhaltevermögen und Fokussierung um diese auch zu erreichen. Dies bezeichnet man als „proaktives" Handeln. Rein „aktives" Handeln wäre dagegen, wenn wir einfach nur irgendwas tun, um uns abzulenken, nicht nachdenken zu müssen und uns „beschäftigt" fühlen wollen. Eine Zeit lang kann passives Handeln nützlich sein, wenn wir eine solche „Auszeit" benötigen. Manchmal brauchen wir einfach erstmal wieder eine Zeit der Regeneration. Dies kann teilweise mit dem Wunsch nach Rückzug verbunden sein. In der Psychologie nennt man dies auch „Cocooning", das heißt sich ein Kokon zuzulegen, indem man sich zeitweise von der Außenwelt abschottet um innerlich aufzuräumen und den nächsten Wachstumsschritt vorzubereiten. Viele gehen hierfür auch in die Natur andere

nehmen sich eine Zeit im Kloster oder nutzen Coachings zur Unterstützung ihrer Persönlichkeitsentwicklung.

Ein sinnvolles Leben besteht aus vielen einzelnen sinnvollen Momenten.

Selbstreflexionsfragen:

- In wessen Verantwortungsbereich fällt es, wenn du eine negative Erfahrung machst?
- Gibst du anderen die Schuld, wenn Dinge nicht so laufen, wie du es gerne gehabt hättest?
- Glaubst du, du kannst deinen Machtbereich vergrößern?
- Möchtest du die Verantwortung für dein Leben übernehmen?
- Kannst du akzeptieren, dass du nicht über alle Bereiche Kontrolle hast – vor allem nicht über das Verhalten anderer Menschen?
- Hast du den Eindruck, dass du deinen Machtbereich realistisch einschätzt?
- In welchen Bereich, über den du Kontrolle hast, möchtest du eine Veränderung herbeiführen?
- In wessen Verantwortungsbereich fällt es, wenn du eine positive Erfahrung machst?

5. Was liegt in deinem Machtbereich und unter deiner Kontrolle?

Hier eine Liste mit Dingen, die auf jedem Fall in Deinem Kontrollbereich gehen. Mache Dir bitte bewusst, in wie weit du diese Macht bereits für Dich nutzt:

- deine Art der Selbstfürsorge (es liegt es an dir, wie du dich um dich und die Erfüllung deiner Bedürfnisse kümmerst)
- deine Art und Weise wie du dir Unterstützung und Hilfe suchst, wenn du sie benötigst
- Wie du deine Freizeit verbringst und mit wem
- deine Art, wie du das was andere Menschen machen oder sagen bewertest.
- deine Art, wie du Situationen interpretierst
- deine Art, wie du auf Emotionen reagierst
- dein Maß an Gegenwärtigkeit und Achtsamkeit
- Welche Ziele und Projekte du für dich wählst und wie viele
- Wieviel Engagement du bei der Erreichung deiner Ziele zeigst
- Wie du mit anderen Menschen umgehst
- Wieviel Zeit du dir nach schmerzlichen Erfahrungen nimmst, um wieder auf die Beine zu kommen

6. Was kannst du zwar nicht kontrollieren aber immerhin beeinflussen?

   Dieser Bereich ist in der positiven Psychologie ein sehr wichtiger Punkt. Denn es wurde nachgewiesen, dass wir umso glücklicher und zufriedener mit unserem Leben sind, je mehr positiven Einfluss wir auf andere ausüben. Wenn wir anderen positive Werte oder unser Wissen vermitteln, gibt uns dies das Gefühl, etwas Bedeutungsvolles und Sinnvolles zu tun. Andere Menschen zu kontrollieren oder zu manipulieren ist damit nicht gemeint. Das führt weder bei der Person die kontrolliert wird noch bei derjenigen, die einen anderen Menschen kontrollieren will dazu, glücklich zu sein.

Selbstreflexionsfragen:

- Auf wen übst du (möglicherweise) Einfluss aus?
- Inwieweit nutzt du diesen bereits im positiven Sinne?
- Welche Erfahrung hast du bereits mit negativer Beeinflussung gemacht – sowohl was dich als Beeinflussten als auch, was dich als Beeinflusser angeht?
- Wer hat dich bislang positiv beeinflusst und in welchem Bereich?
- Von welchen Menschen lässt du dich gerne beeinflussen oder inspirieren?
- Warst du schon mal ein gutes Vorbild für andere?
- Gibt es in deinem Umfeld Menschen, die dich negativ beeinflussen und die du mit solchen ersetzen könntest, die dich positiv beeinflussen?

7. Sinnfindung
   Was deinem Leben Sinn gibt, kannst du dir nicht ausdenken oder vorgeben lassen. Vielmehr musst du in dich hinein fühlen, dich fragen, was da vielleicht an Bedürfnissen und Sehnsüchten tief in dir schlummern. Möglicherweise muss zuvor auch ein Trauerprozess stattfinden. Das ist der Fall, wenn du dich von Lebenszielen verabschieden musst.

   Kündigung, Trennung, Diagnosen, Tod – vieles kann dazu führen, dass einmal eingeschlagene Wege zu Ende gehen. Bei solchen Erfahrungen können wir mit einer Menge negativer Emotionen konfrontiert werden und auch unsere Selbstachtung und unser Selbstwert können hierdurch verletzt sein.

   Das Leben als Prozess zu verstehen, durch den wir uns stetig weiterentwickeln und Erfahrungen nicht „persönlich“ zu nehmen, sondern als Erfahrungswerte, die uns reifen lassen und weiser werden lassen, kann helfen, auch in sehr negativen Situationen noch einen Sinn zu finden.

   Viktor E. Frankl sagte, es kommt nicht darauf an, was uns im Leben geschieht, sondern wie wir darauf reagieren. In diesem Sinne haben wir auch immer die Freiheit uns zu entscheiden, wie wir uns darauf hin verhalten.

Übung: Fühle in Dich hinein

Setze dich aufrecht auf einen Stuhl. Lege eine Hand auf Dein Herz. Spüre Deinen Atem im Bauchraum. Der Atem lässt Deine Bauchdecke sich heben und senken. Lege die andere Hand auf den Bauch, um deinen Atem zu spüren.

Jetzt frage dich, „was willst du in deinem (restlichen) Leben noch erleben? Welche Erfahrungen, würden dir Freude machen? Was willst du noch lernen? Welche Arten von Menschen willst du begegnen?"

Schließe dich Augen. Höre in dich hinein. Und schreibe dir dann deine Antworten auf. Nimm dir für das Spüren und das Schreiben Zeit, um Klarheit für dich zu finden.

- „Heute ist der erste Tag

vom Rest meines Lebens."

-Mahatma Gandhi--

Du kannst und wirst Sinn in deinem Leben finden. Dein Lebenssinn muss dich überzeugen, niemand anderen.

8. Das macht Sinn!
   Deine Werte zu leben macht auf jeden Fall Sinn. Werte sind kurz gesagt das, was jemand als wertvoll bezeichnet. Unsere Werte geben uns Orientierung, Klarheit, sind für unsere Zielsetzungen mitverantwortlich und geben uns die nötige Motivation, diese zu erreichen. Werte sind auch stark mit unseren gelebten Charakterstärken verknüpft und diese können sich wechselseitig positiv beeinflussen. Indem du das tust, was dir wichtig ist, entwickelst du auch deine Stärken und dadurch deine Persönlichkeit weiter. Frankl betont, dass Sinn nicht beliebig sein kann, denn sonst wäre es auch möglich, Hitler, der Mafia oder Selbstmordattentätern ein sinnerfülltes Leben zuzuschreiben. Es geht in diesem Bereich vielmehr um gemeinsame, überdauernde Werte, die niemanden Schaden und bestenfalls auch anderen nutzen.

   Frankl beschreibt 3 Kategorien von überdauernden Werten, auch als „Hauptstraßen zum Sinn" bezeichnet:

- *Erfahrungs- und Erlebniswerte:* Zu erleben, was als gut, schön, bereichernd oder sinnstiftend erfahren werden kann (zum Beispiel Hobbys, Sport, Ausflüge, Freunde treffen)

- *Schöpferische Werte*: eine Veränderung hin zum Besseren und Konstruktivem (statt Destruktivem), Persönlichkeitswachstum oder auch spirituelles Wachstum

- *Einstellungswerte:* Umstände ertragen, wenn alles andere versagt, noch die Wahl nutzen, unsere eigene Haltung dazu zu verändern. Auf einen Reiz muss keine Reaktion erfolgen. Ein „Trotzdem“ zum Leben.

Übertragen auf die oben genannten Hauptstraßen zum Sinn, können wir „unglückliche“ Zeiten besser ertragen, wenn sie für uns als eine Art Durststrecke auf dem Weg zu einem größeren Ziel erscheinen.

So kann die Vorbereitung auf eine Prüfung, eine schwierige familiäre Situation, ein anstrengender Aufstieg auf einen Berg oder ähnliches zeitweise mehr negative Emotionen mit sich bringen, wenn es aber unseren Werten entspricht, - in diesen Fällen den Werten Bildung, Familie beziehungsweise Abenteuer, machen auch solche, weniger erfreuliche, aber absehbare Zeiten für uns Sinn. Es muss nicht immer alles Spaß machen, um sinnvoll zu sein. Es darf aber auch nicht zu einem chronischen Stress werden. Das ist es nicht wert.

Manchmal bleibt uns aber nur noch, den dritten Hauptweg zu nehmen, um einen Sinn auch in einer unglücklichen Lebenssituation zu finden, die weder den von uns gewünschten Erfahrungen noch unseren Werten entspricht. Schicksalsschläge und unerwartet negative Erlebnisse treffen jeden mal. In solchen Lebenssituationen noch einen Sinn zu finden, ist bei Weitem die größte Herausforderung.

Nach Frankl hat jedes Leben einen einzigartigen Sinn, und jeder Mensch hat seine individuelle Bestimmung, nämlich einem größeren Ganzen zu dienen. So schreibt er: „Im Dienst an einer Sache oder in der Liebe zu einer Person erfüllt der Mensch sich selbst. Je mehr er aufgeht in seiner Übung, je mehr er hingegeben ist an seinen Partner, umso mehr ist er Mensch, umso mehr wird er er selbst. Sich selbst verwirklichen kann er also eigentlich nur in dem Maße, indem er sich selbst vergisst, indem er sich selbst übersieht."

*

Übung:

Hier findest Du eine weitere Liste von Werten. Schreibe Dir aus dieser Liste, die 3-5 Werte auf, die dir wichtig sind:

1. Selbstbestimmt leben
2. Risiko und Abenteuer
3. Lebensgenuss und Vergnügen erfahren
4. Leistung und Erfolg
5. Einfluss auf andere haben (auch Influencer) und Ansehen
6. Sicherheit und Ordnung
7. Höflichkeit und Respekt
8. Tradition und Heimatverbundenheit
9. Spiritualität
10. Freundlichkeit und Hilfsbereitschaft
11. Gerechtigkeit und Frieden

Diese Liste ist nicht abschließend. Wenn dir noch mehr hierzu einfällt, was besser zu dir passt, schreibe dies auf.

*

Jeder Mensch wird erstmal geprägt von den Werten seiner Eltern und Verwandten, Lehrer, Freunde und Schulkameraden, Kollegen, Vorgesetzte und so weiter. Das ist auch gut so. Das gibt uns Orientierung im Leben. Irgendwann muss aber auch jeder für sich überprüfen, ob diese auch mit dem eigenen inneren Wesen und den eigenen Erfahrungen noch weiter übereinstimmen.

Diese Frage wird dringend, wenn wir in einen Wertekonflikt geraten, weil uns unterschiedliche Menschen Werte vermitteln, die kollidieren, oder diese Werte mit unseren in Konflikt stehen.

Schaue dir bitte genau an, wer deine Entscheidungen bislang beeinflusst hat und wie sich diese jeweils auf dein Leben ausgewirkt haben.

*

Bitte beantworte hierzu diese 3 Fragen:

1. Wer waren bislang deine Vorbilder und warum?
2. Gibt es Menschen in Deinem Umfeld, von denen du dich zu Entscheidungen gedrängt oder inspiriert fühltest? Und warum?
3. Welche Werte haben Dir diese Menschen vermittelt?

*

9. Das PURE Modell nach Paul Wong

Paul Wong hat seine vier Aspekte für ein sinnvolles Leben unter dem Akronym PURE zusammengefasst. Diese sind:

P für Purpose = Bestimmung. Hierbei geht es darum, für sich herauszufinden, was die eigene, persönliche Mission und Berufung sind.

U für Understanding = Verständnis. Hierbei geht es um die Fähigkeit zu reflektieren und das Verständnis für sich selbst, andere und die Anforderungen der jeweiligen Situation

R für Responsibility = Verantwortung. Hierbei geht es um die Verantwortung für uns selbst (Selbstbestimmtes Handeln), für andere Personen und auch gegenüber der Gesellschaft.

E für Enjoyment = Freude, als natürliches Ergebnis eines verantwortlichen und selbstbestimmten Lebens, das selbstreflektiert zu immer mehr Wachstum und Reifung führt.

Um die eigene Berufung zu finden, hat sich unter anderem das IKIGAI-Modell bewährt. Du findest Anleitungen hierzu im Internet oder du suchst dir hierfür einen Coach, der das zusammen mit dir erarbeitet. Es lohnt sich.

Sinn im übergeordneten Sinn muss nicht allein auf die gegenwärtigen Lebensaufgaben bezogen bleiben. Sinn kann auch eine Perspektive für die Zukunft darstellen.

- Wonach möchtest du dich in Zukunft ausrichten?
- Was kann dich langfristig motivieren?
- Welchen Kurs willst du aufnehmen oder solltest du korrigieren?
- Was will du eigentlich wirklich?

Übung: Visualisierung
Viele von uns sind mit der Methode des „worst case“ Szenarios vertraut. Sich den schlimmstmöglichen Ausgang einer Situation vorzustellen, kann helfen notwendige Vorkehrungen zu treffen. Jetzt wollen wir uns aber mal mit dem „best case“ Szenario befassen, also dem bestmöglichen Ausgang deiner derzeitigen Lebenssituation. Konzentriere dich auf den Lebensbereich, der derzeit für dich im Fokus steht: Schreibe oder erarbeite auf kreative Weise (zum Beispiel als Bildmontage) deine Wünsche für die Zukunft in diesem Lebensbereich. Was wäre in diesem Bereich die beste Version von dir in 1, 3 oder 5 Jahren?

Wenn du dies kreativ erarbeitest, lass dir Zeit und lass es zu, dass sich dein „Visionboard“ nach und nach an neue Ideen anpassen kann. Wenn du diese Übung lieber schriftlich dokumentieren willst, hat es sich bewährt, sich hierfür an mindestens 3 aufeinander folgenden Tagen jeweils mindestens 20 Minuten Zeit zu nehmen.

Du kannst diese Übung im Anschluss auch für andere Lebensbereiche durchführen.

11. Sinnorientierte Zielsetzung

Der Ansatz im Positiven Coaching ist es, dass unser eigentliches Ziel in der Regel nicht im Erreichen definierter, äußerer Erfolge liegt, sondern darin, glücklich zu sein und die Balance zwischen Ansporn und Muße zu finden.

Der erste Schritt besteht also darin, dich zu fragen, ob deine beruflichen, persönliche und privaten Ziele wirklich attraktiv für dich sind oder ob es nur „jedermann"-Ziele sind, die zwar soziale Anerkennung oder finanziellen Wohlstand mit sich bringen, aber nicht wirklich deinen eigenen Lebensvorstellungen oder deinem Wesen entsprechen. Was motiviert dich langfristig, deine Ziele zu erreichen? Was benötigst du hierfür noch?

Es ist bekannt, dass intrinsisch motivierte Ziele viel eher zum Glück beitragen als extrinsisch motivierte Ziele.

Intrinsische Motivation bedeutet die Freude am Tun um seiner selbst willen. Diese steht damit auch stark mit Flow-Momenten und der Frage nach der eigenen Berufung und dem eigenen Lebenssinn in Verbindung.

Extrinsisch motivierte Ziele bedeuten dagegen Fremdzweckmotivierung und knüpfen insbesondere an Konsum- und Satus Bedürfnisse (z.B. Macht und Einfluss, äußerliche Attraktivität).

12. Welche Ziele machen Sinn?

Ziele, die dich glücklich machen, machen Sinn. Hierbei sind auch deine Werte entscheidend (materielle Sicherheit, Unabhängigkeit, Gesundheit usw.). Lebenszufriedenheit und Wohlbefinden sind natürlich auch mit einem gewissen Wohlstand verbunden. Geld allein macht jedoch nicht glücklich und es ist nachgewiesen, dass sobald der Lebensstandard gesichert ist, eine Vermehrung des Wohlstands nicht zu vermehrten Glück führt.

Langfristig glücklich machen hingegen:

- Ziele, in denen du deine eigenen Stärken einsetzt und ausbaust, also Arbeits- und Leistungsziele (auch Kompetenzziele genannt)
- Ziele, die das Grundbedürfnis nach Nähe und Beziehungen befriedigen
- Spirituelle Ziele, die das größere Ganze einschließen
- Deinen persönlichen Beitrag für andere oder die Gesellschaft leisten – zum Beispiel für die Natur, den Weltfrieden usw.

Übung: Beantworte bitte folgende Fragen schriftlich. Nimm dir für jede Frage mindestens 5 Minuten Zeit:

1) Was willst du wirklich in Bezug auf deine derzeitige Lebenssituation verändern?
2) Was ist dein Ziel?
3) Was steckt hinter diesem Ziel? Welchen deiner Werte, Bedürfnisse oder Wünsche möchtest du dir dadurch erfüllen?

4) Was erwartest du dir davon, dieses Ziel zu erreichen?

Übung

Mache eine Liste von Zielen die du

- kurzfristig (innerhalb der nächsten Woche),
- mittelfristig (innerhalb der nächsten Monate) und
- langfristig (innerhalb der nächsten Jahre) erreichen willst.

Ziele geben unserem Handeln eine Richtung und eine Orientierung. Für dich selbst sinnvolle Ziele zu haben, die deine Werte spiegeln, kann allein schon zu einem sinnvollen Leben führen. Zumindest solange du auf dem Weg zur Erreichung dieses Ziels bist.

- „Der Weg ist das Ziel."

Zen-

13. Lebensvision und Lebensstil

Ein Kernstück jedes Coachin Prozesses ist die Zielformulierung. Hier geht es nach der Besprechung des Anliegens darum, ein attraktiv formuliertes Ziel zu finden, an dessen Umsetzung gearbeitet wird. Im Positive Coaching wird dieses Anliegen nicht nur als Ziellinie, sondern auch als ein Meilenstein verstanden, der gleichzeitig Teil eines deutlich längeren Lebensweges in Richtung des eigenen Lebenssinns ist. Diese erweiterte Perspektive hin zu etwas Größerem, einer Lebensvision wird als Everest Ziel verstanden. Es kann motivierend und inspirierend sein, eine große Vision in Etappenziele zu untergliedern und diese etappenweise zu erreichen. Dieses Konzept hat sich vor allem im Rahmen der Unternehmensberatung bewährt.

Für die Lebensplanung des Einzelnen erscheinen uns allerdings die Ansichten des Individualpsychologen Alfred Adlers meistens eher zugänglich. Dies liegt daran, dass vieles nicht vorhersehbar ist, Manches anders kommt, als geplant und man sein Lebensglück nicht aufschieben sollte – man kann es nur in der Gegenwart genießen. Nach Auffassung Adlers sollte sich das Leben mehr im Hier und Jetzt abspielen, als im Zusteuern auf ein Ziel hin, dessen Ausgang ungewiss ist. Er lehnte eine „lineare“ beziehungsweise kausale Lebensvorstellung, wie sie Sigmund Freud gelehrt hatte, ab. Nach seiner Auffassung hat die Vergangenheit keinen Einfluss auf die Gegenwart und damit auch nicht auf die Zukunft. Nur der Mensch neigt dazu, seiner Vergangenheit in Bezug zur Gegenwart oder Zukunft einen „roten Faden“ verpassen zu wollen. Tatsächlich ist das Leben aber nur eine Abfolge von Momenten ohne notwendigen Bezug zu einer Vergangenheit, die oft unbefriedigend war. Daher kann und sollte man sich auch von seiner Vergangenheit frei machen. Und dadurch haben dann auch vergangene Erfahrungen keinen Einfluss mehr auf die Zukunft. Der Lebensstil den Adler vermittelt, ist im Hier und Jetzt das anzugehen, was ansteht – bewusst und gewissenhaft.

-Du kannst nicht glücklich werden,

du kannst nur glücklich sein"

-Dalai-Lama-

14. Spiritualität

Für viele Menschen ist die Frage nach dem höheren Sinn untrennbar mit der eigenen Auffassung von Spiritualität verbunden. Die Spiritualität kann gerade in Krisenzeiten eine starke Ressource darstellen und bildet für viele auch in guten Zeiten eine Motivationsquelle, um sich auch spirituell weiter zu entwickeln.

Das Leben von spirituellen Werten wie Nächstenliebe, Mitgefühl, Vergebungsbereitschaft und Achtsamkeit führt zu einem bewussteren Umgang mit sich und anderen und führt zu mehr innerem Frieden, Hoffnung und Harmonie.

- „Im Hier und Jetzt, wo wir All-Eins sind, können sich vielleicht ganz neue kreative Lösungen finden.

Wir verstehen mehr, wie wir Menschen miterschaffen.

Wir sind Co-Schöpfer. Wir kreieren diese Welt mit, und gleichzeitig wirkt immer etwas, das wir nicht kennen:

Ich nenne es das große Geheimnis."

-Annette Kaiser--

VI. Selbstwertgefühl

Ein gesundes Selbstwertgefühl zu haben bedeutet, dass du dich selbst als kompetent im Umgang mit den grundlegenden Herausforderungen des Lebens erfährst und das Bewusstsein dafür entwickelst, dass du es wert bist und es verdient hast, glücklich zu sein. Der Aufbau eines guten Selbstwertgefühls ist ein Prozess, der Durchhaltevermögen und Mut benötigt.

Um das Selbstwertgefühl zu stärken ist es notwendig, sich auch Unangenehmem zu stellen. Vor allem Emotionen, die wir als negativ oder unerwünscht beurteilen, und die wir oft an Geschichten aus der Vergangenheit gekoppelt haben. Es ist menschlich, solchen Emotionen lieber ausweichen zu wollen.

Die drei gewöhnlichen Wege, um mit negativen Emotionen umzugehen, sind:

1) Verdrängen oder Unterdrücken

2) Ausdrücken

3) Sich ablenken

Verdrängt und unterdrückt wird ein Gefühl für gewöhnlich unbewusst. Grund ist meistens, weil wir uns für dieses Gefühl Schämen oder Angst davor haben, davon überwältigt zu werden. Leugnung und Projektion sind gängige Mittel, um zu verhindern, dass wir uns mit unliebsamen Themen befassen müssen. Projektion ist der Grund für die meisten Gewalttaten und Leugnung die Ursache vieler Krankheiten. Wenn du dich sicher und bereit fühlst und die Zeit gekommen ist, wirst du von selbst den Wunsch verspüren dich von negativen Emotionen –

auch wenn sie „nur“ im Unbewussten herumtoben - zu befreien. In der Persönlichkeitsentwicklung, die auch ein Bewusst-Werdungs-Prozess ist, führt kein Weg daran vorbei, dass auch diese Schattenseiten ins Licht des Bewusstseins kommen. Letztendlich werden sie dort aber auch aufgelöst. Habe bitte den Mut und die Ausdauer, diesen Prozess zu erfahren auch wenn er manchmal wie „zwei Schritte voran und ein Schritt zurück“ wirkt. Und lass dich gerne dabei unterstützen.

Da bekannt ist, dass das Unterdrücken oder Verdrängen von Emotionen ungesund ist, gab es die Theorie, man sollte also Emotionen daher ausdrücken. Durch das Ausdrücken von Emotionen können wir mit Worten, Gesten oder unserer Körpersprache, ein wenig Dampf ablassen. Unsere negativen Emotionen werden wir dadurch aber nicht wirklich los. Zeitweise wurde geglaubt, dass man sich zum Beispiel durch das Schlagen auf ein Kissen von Aggressionen befreien könnte. Leider ist das Gegenteil der Fall. Durch das Ausdrücken negativer Emotionen feuert man diese erst richtig an (David Hawkins, 2013). Abgesehen davon, leiden oft auch Mitmenschen unter den emotionalen Ausbrüchen Einzelner oder auch Gruppen. Eine deutlich bessere Alternative ist es, Verantwortung für die eigenen, negativen Gefühle zu übernehmen und zu lernen, sie zu neutralisieren.

Um uns abzulenken gibt es eine ganze Unterhaltungsindustrie. Soziale Medien, Alkohol, Beruhigungsmittel, Essen oder auch Arbeit können dazu genutzt werden, uns nicht mit Emotionen befassen zu müssen, die wir als negativ und unerwünscht bewertet und abgelehnt haben. Viele dieser Ablenkungsmittel führen aber eher zu mehr Schwierigkeiten.

Wenn wir zulassen, dass wir unsere Emotionen erfahren, und sie akzeptieren, führt das zu einem verständnisvolleren und liebevolleren Umgang mit uns selbst. Vor allem, wenn es sich um unliebsame Emotionen wie Wut, Angst, Neid, Ablehnung, Demütigung, Einsamkeit oder Trauer handelt, sollten wir uns damit befassen, anstatt nach Ausweichmanövern zu suchen. Wenn wir vor unseren Emotionen davonlaufen, indem wir sie leugnen oder uns ablenken wollen, geben wir ihnen Macht über uns und erzeugen Widerstand gegen diese Gefühle.

- „Alles wogegen du Widerstand setzt,

wird größer"

-Buddha--

Konstruktive Wege, um mit negativen Emotionen umzugehen sind:

- einer produktiven, sinnvollen Beschäftigung nachzugehen,
- Emotionen kreativ auszudrücken und
- die Transformation in positive Emotionen mittels Akzeptanz und Loslassen.

Emotionen haben einen großen Einfluss auf unser Selbstwertgefühl. Nathaniel Branden spricht sogar vom emotionalen Antrieb. Sie sind also das, was unser Handeln beeinflusst.

Die zwei gegensätzlichsten Pole sind dabei das Handeln aufgrund von Angst und das aus Liebe. Wenn wir aus Angst handeln, nutzen wir in der Regel die drei gängigen Handlungsalternativen: Angriff, Flucht oder Totstellen.

- „Angst ist die Ursache aller anderen negativen Emotionen"

aus „Ein Kurs in Wundern"-

1. Angst

Angst kann sich auch zeigen durch Selbstzweifel, Versagensangst, Angst vor anderen zu reden und so weiter. Unter dem Einfluss von Angst machen wir uns Sorgen, vermeiden es, Dinge zu tun, die anstehen und sind dabei, uns für unser Verhalten zu rechtfertigen. Oder wir machen uns Gedanken, darüber, was andere von uns in negativer Hinsicht denken könnten.

Vergiss bitte nicht, du brauchst niemanden deinen Wert zu beweisen. Wenn es dein Ziel wäre, anderen zu beweisen, dass du „genug" bist, dass du liebenswert bist oder es wert bist, erfolgreich zu sein, so wäre dies ein Dauerprojekt, bei dem die Rechnung nie aufgeht. Du machst dich damit nur abhängig von der Bewertung Anderer. Diese Anderen leiden aber meistens ebenso unter ihren eigenen negativen Emotionen und könnten sogar (unbewusst) die Chance nutze, ihre eigenen unterdrückten Gefühle auf dich zu projizieren. Andere haben nicht die Fähigkeit, dich in deiner Gesamtheit und Individualität zu bewerten. Sie können höchstens einzelne Handlungen oder einzelne Charakterzüge bewerten, niemals dich als Mensch. Jeder Mensch ist wertvoll. Leider schaden wir uns gegenseitig manchmal aufgrund unserer Angst, den dadurch erzeugten Ohnmachtsgefühlen und der daraus oft resultierenden Wut. Solche Verhaltensweisen sind nicht wertvoll, aber wir sollten weder uns noch andere dafür verurteilen. Sinnvoller ist es dein inneres Licht mehr aufzudrehen. Wo Licht ist, kann nicht gleichzeitig Dunkelheit sein. Wo Liebe ist, kann nicht gleichzeitig Angst sein.

Werde dir bewusst darüber, dass du nie gezwungen wirst, auf ein negatives Gefühl zu reagieren. Du hast immer die Freiheit, auch anders als gewohnt oder gar nicht zu reagieren. Das ist nicht von heute auf morgen zu schaffen, aber es ist möglich, dass du dich wirklich frei fühlst in der Wahl deines Verhaltens. Und das ist ein wesentliches Kriterium, um glücklich zu sein: „Drüber stehen" zu können, wenn du bewusst oder unbewusst angegriffen wirst. Das macht dich stark, selbstbewusst und schenkt dir schließlich Respekt – dir gegenüber und den von anderen. Es ist nicht gleichbedeutend, mit „cool" zu sein, also so zu tun, als würde man nichts fühlen. Dabei ginge es eher darum, Gefühle zu unterdrücken. Beim Gefühle wahrnehmen dagegen, bist du dir darüber bewusst, was du jetzt fühlst – zum Beispiel Wut, Neid, Angst oder was auch immer. Egal was, es ist okay so. Es ist ja nur ein Gefühl. Entscheidend für den weiteren Verlauf ist allein deine Reaktion darauf.

- „Zwischen Reiz und Reaktion liegt ein Raum.

In diesem Raum liegt unsere Macht zur Wahl unserer Reaktion.

In unserer Reaktion liegen unsere Entwicklung und unsere Freiheit."

Viktor E. Frankl-

Übung: „Auf Gefühle hören"

1. Konzentriere dich auf das Gefühl oder die Emotion, das derzeit im Vordergrund steht. Auf was ist derzeit deine Aufmerksamkeit gerichtet?
2. Nimm deinen Körper wahr und entspanne dich - Atmen tief in den Bauch - entspanne deine Muskeln und
3. erlaube dir, das Gefühl zu empfinden -ohne darauf zu reagieren, es zu analysieren oder zu interpretieren. Akzeptiere, dass du derzeit so fühlst, wie du eben fühlst. Du sollst hierbei nichts verändern wollen, sondern nur fühlen was da ist.

   Nur Widerstand dagegen hält die Emotion in dir aufrecht. Also akzeptiere jedes Gefühl. Es kommt ganz auf unsere Reaktion auf eine Emotion an, ob wir sie integrieren oder mit ihr in einen Konflikt treten

   Möglicherweise nimmst du Angst oder Scham bezüglich des Gefühls wahr. Möglicherweise hast du generell etwas gegen das Erleben von Gefühlen oder auch nur dieses speziellen Gefühls. Lass auch diese Widerstände für den Moment los.

   Wenn ein Gefühl zu intensiv wird, befasse dich verstärkt mit deinem Körper. Konzentriere dich dann noch bewusster auf deine Atmung, auf die Muskeln, deinen Kiefer, die Schultern, die du vielleicht unbewusst angespannt hast und achte auf weitere körperliche Reaktionen. Jede Emotion hat eine Dauer von ca. 3 Minuten. Du kannst dir die Stoppuhr danach stellen, während du das Gefühl „aussitzt". Es wird vorüber gehen. Wovon wird das Gefühl getriggert? Durch innere oder äußere Reize? Nimm das nur neugierig wahr. Analysiere nicht.

4. Ignoriere auch alle auftauchenden Gedanken – befasse dich ganz mit der Emotion. Gedanken sind in solchen Fällen oft nur Rationalisierungsversuche, um das Vorhandenseins dieses Gefühls zu erklären. Viele Gefühle sind an unseren Selbsterhaltungs- oder Arterhaltungstrieb gekoppelt (Wut, Angst, Trauer, Freude). Egal, Gefühle kommen und gehen. Du beobachtest sie nur.

2. Liebe

Liebe zu dir selbst und deinem Leben, kann sich ausdrücken durch Zuversicht, Vertrauen, Optimismus, Arbeiten im Flow und Freude. Ist das dein emotionaler Motor, dann hast du mehr Lebensfreude, Spaß an dem, was du tust, bist motivierter, kreativer und inspirierter und hast dadurch wiederum mehr Erfolg. Es kommt zu einer Aufwärtsspirale, bei der du immer mehr den Wunsch verspürst, deine Fähigkeiten, Stärken und deine gesamte Persönlichkeit zum Ausdruck zu bringen und dein Potential zu leben. Und natürlich hat Liebe auch Einfluss auf unsere Beziehungen. Nach Alfred Adler wird unsere Fähigkeit und unser Wunsch nach Beziehungen von unserem Zärtlichkeitstrieb geleitet. Dieser kann durch Erziehungsfehler – verhätscheln oder lächerlich machen – sowohl übertrieben werden als auch verkümmern (Introversion). Auch körperliche Defizite können dazu führen, dass es einem schwererer fällt, sich in die Gemeinschaft zu integrieren. Sobald wir aber die Entscheidung für ein glückliches Leben getroffen haben, Verantwortung für uns selbst übernehmen, uns der Schwierigkeiten in unserem Liebesleben bewusst sind und unser Schicksal annehmen wie es ist, ist Veränderung hin zum Positiven immer möglich.

- „Idealerweise lassen wir uns im Grundsatz

von dem Motiv der Zuversicht leiten.

Diese kommt in der Liebe zu deinem Wesen

und in der Liebe zum Leben zum Vorschein."

- Nathaniel Branden--

3. Achtsamkeit und bewusstes Leben

Um unser Selbstwertgefühl ändern zu können, ist es wichtig, selbstreflektiert und bewusst mit uns umzugehen - unseren Gedanken, Emotionen und unserem Verhalten. Ein wichtiger Bereich des Selbstwertgefühls ist es daher, bewusst zu leben.

- „Wir können uns nicht kompetent fühlen

und unseren Wert schätzen,

wenn wir ein Leben in geistiger Umnachtung führen".

-Nathaniel Branden--

Das Gegenteil von „geistiger Umnachtung" ist „geistiges Wachsein". Um geistig wacher zu werden ist meistens ein stetiger Bewusstseinserweiterungsprozess nötig. Bereitschaft und Ausrichtung sind hierfür, nach David Hawkins, unsere treibenden Kräfte.

Bewusst zu leben, bedeutet, die Realität zu akzeptieren wie sie ist. Es muss uns nicht alles gefallen, aber wir müssen sehen, was ist, uns den Dingen um uns und in uns stellen – sowohl unseren Ängsten und Schmerzen als auch unseren Erwartungen und Hoffnungen.

Bewusst leben bedeutet auch wahrzunehmen, ob die Stimme in deinem Kopf dich runterzieht oder positiv stimmt oder ob es sich noch um die überkritische Stimme eines Elternteils handelt, die man „sicherheitshalber" integriert hat, um

Beschimpfungen zuvorkommen zu können. Jeder führt innere Dialoge. Der durchschnittliche Mensch hat laut dem Laboratory of Neuro Imaging der University of Southern California etwa 48,6 Gedanken pro Minute. Das macht insgesamt 70.000 Gedanken pro Tag. Gleichzeitig heißt es, wird ein Großteil davon täglich wiederholt oder auch schon während desselben Tages.

Eckart Tolle schreibt, in seinem Buch „Jetzt“: „In Wirklichkeit sind achtzig bis neunzig Prozent des Denkens der meisten Menschen nicht nur nutzlos und repetitiv, sondern oft so gestört und negativ, dass sie geradezu schädlich wirken. Beobachte deinen Verstand und du wirst herausfinden, dass das stimmt. Durch ihn wird deine Lebensenergie nutzlos vergeudet.“

Und Byron Kathie erinnert uns, „Du bist nicht dein Verstand, nicht das, was du den ganzen Tag lang denkst“. Der Verstand ist ein wertvolles Werkzeug, wenn wir ihn gezielt für Aufgaben einsetzen, die unseren Verstand benötigen. Ähnlich wie ein Armmuskel, den wir nicht permanent angespannt lassen, sollten wir aber auch regelmäßig Phasen von „no mind“ (Gedankenstille) erfahren. Dies ist wahre Entspannung für den Geist und setzt neue Kreativität, Inspiration und Lebensfreude frei.

- „Hinter allem Lärm ist Stille.“

- Zen--

Übung:

Beobachte – ohne zu rechtfertigen, zu interpretieren, zu bewerten oder zu kritisieren – für einige Zeit, die dir angenehm ist, deine Gedanken. Ganz neutral. Aus einer wohlwollenden Beobachterperspektive. Sei achtsam, wie eine Katze vor dem Mausloch, und werde dir so deiner Gedanken bewusst.

4. Selbstbild

Unser Selbstbild nimmt seinen Ausgang in den vielfältigen Zuschreibungen, die wir von anderen Menschen (vor allem Eltern, Verwandte, Lehrer und Ausbilder) bekommen haben, Konditionierungen, unseren Erfahrungen und unserem Wunschbild.

Manchmal stößt man auf Konflikte zwischen dem Selbstbild und dem Bild, das andere von uns haben (Fremdbild). Nicht immer ist es einfach, Projektionen von anderen zu erkennen und sich davon abzugrenzen. Projektion bedeutet in vielen Fällen, dass wir das, was wir an uns selbst nicht mögen, auf einen anderen Menschen projizieren. Es ist ein menschliches Phänomen zu glauben, wir könnten Anteile von uns, die wir nicht mögen, auf einen anderen spiegeln, um sie dort zu „bearbeiten". Es ist nicht möglich. Wir können uns nur selbst ändern, nicht andere. Und wir brauchen uns auch nicht von anderen ändern zu lassen. Wenn andere ein paar Anteile von uns nicht mögen, ist das in erster Linie deren Problem.

Hierbei spielen manchmal auch unsere Spiegelneuronen eine Rolle. Ein Spiegelneuron ist eine Nervenzelle, die im Gehirn von Primaten beim „Betrachten" eines Vorgangs das gleiche

Aktivitätsmuster zeigt wie bei dessen „eigener“ Ausführung. Diese Neuronen sind nicht immer und bei jedem gleichermaßen aktiv, können aber die Ursache sein, dass wir uns in Gegenwart von negativen, schlecht gelaunten Menschen schlechter fühlen als in Gegenwart von lächelnden, freundlich gesinnten, fröhlichen Menschen. Und natürlich haben wir auch eine entsprechende Wirkung auf andere.

5. Selbstwirksamkeit und Selbstachtung

Die zwei großen Bereiche, in denen das Selbstwertgefühl nach Nathaniel Branden, Psychologe und Experte im Bereich Selbstwertgefühl, eingeteilt werden kann, sind Selbstwirksamkeit und Selbstachtung.

Selbstwirksamkeit bedeutet, dass du dir deiner Stärken und Fähigkeiten bewusst bist und dir klar darüber bist, welche Ziele oder Projekte für dich selbst stimmig sind und wie du sie Schritt für Schritt erreichen kannst. Nicht alles liegt in unserem Einflussbereich, aber unseren Verantwortungsbereich sollten wir voll ausfüllen und jegliche Chance hierzu nutzen.

Wenn du dich selbst-wirksam fühlst:

- fühlst du dich stark und kompetent und

- imstande, ein gewünschtes Ergebnis zu erzielen.

Vertrauen in unsere Wirksamkeit zu haben, heißt, dass wir Vertrauen in unsere Fähigkeit haben, das zu lernen, was wir lernen müssen, und das zu tun, was wir tun müssen, um unsere Ziele zu erreichen – soweit der Erfolg in unserer Macht steht.

Es geht hierbei aber nicht darum, irgendwelche Ziele erreichen zu müssen, oder solche, die andere für uns ausgewählt haben, sondern erstmals Klarheit darüber zu haben, für welches Ziel wir uns selbstbestimmt entscheiden und wie wir es umsetzen wollen.

- Worin willst du dich kompetent fühlen?
- Ist die Entscheidung für dein Ziel eher von Angst (z.B. Zukunft - oder Existenzangst) oder von Liebe zu dem, was du gerne machst, geprägt?
- Welche Interessen und Werte hast du?
- Entsprechen deine derzeitigen Ziele wirklich deinen eigenen Interessen und Werten?
- Wann fühlst du dich produktiv?
- Was ist für dich als Nächstes zu tun, um dein Ziel zu erreichen?
- Sind dein Verhalten und deine Gewohnheiten im Einklang mit deiner Zielsetzung?
- Welche Umstände und Bedingungen benötigst du, um deine Ziele erreichen zu können?

Zur Selbst-Wirksamkeit gehört die Erwartung, dass Erfolge etwas Natürliches und Selbstverständliches sind. Hier sind auch die positiven Emotionen von Zuversicht, Hoffnung und Optimismus ein starker Motor, der uns Motivation für unser Handeln gibt.

Selbst-Wirksamkeit erzeugt das Gefühl, dass man die Kontrolle über sein eigenes Leben hat – und dass man nicht passiver Zuschauer oder ein Opfer der

Ereignisse ist. Es geht hierbei auch um die Widerstandsfähigkeit (also Resilienz) im Umgang mit Misserfolgen, Niederlagen, Schwierigkeiten und Herausforderungen – im Gegensatz zu einer passiven Hingabe an den Schmerz. Auch das Wissen, um die eigene Fähigkeit, nach einer schmerzlichen Erfahrung wieder auf die Beine zu kommen und sich davon zu erholen, ist ein wesentlicher Bestandteil der Selbstwirksamkeit und stärkt dein Selbstwertgefühl.

6. Stolz

Um unsere Möglichkeiten und unser Potential optimal zu verwirklichen, müssen wir uns selbst vertrauen, und wir müssen stolz auf uns sein können. Stolz ist eine spezielle Art der Freude. Authentischer Stolz hat nichts mit Prahlen oder Arroganz zu tun. Stolz ist nicht darauf aus, anderen etwas zu „beweisen“, sondern unsere Leistung zu würdigen, unser Potential zu leben und unsere Erfolge zu genießen.

Wenn wir trotz dem, was wir erreicht haben, nicht stolz auf uns sein können und unsere Leistungen nicht genießen können, liegt es oft daran, dass wir Ziele verfolgt hatten, die nicht uns entsprachen. Aus zweiter Hand übernommene Werte, die nicht widerspiegeln, wer wir wirklich sind, machen uns weder stolz noch stärken sie unser Selbstwertgefühl. Oder wir erlauben es uns selbst nicht, stolz auf uns sein zu dürfen. Möglicherweise liegen dem auch übernommene, negative Glaubenssätze zu Grunde, wie „Eigenlob stinkt“ oder ähnliches.

Stolz ist aber die emotionale Belohnung dafür, dass wir dabei sind, zu werden, wer wir wirklich sind, unserem eigenen Wesen entsprechend, unser gegebenes Potential entfalten und ernten, was wir an positiver Saat gesät haben.

7. Selbstachtung

Selbstachtung bedeutet, dass du dir bewusst darüber bist, dass du es wert bist, glücklich zu sein, die Tätigkeit auszuüben, die dir Freude macht, erfolgreich zu sein, unter guten Lebensbedingungen zu leben, gute Beziehungen zu führen und geliebt zu werden.

Selbstachtung bedeutet auch,

- dass du eine bejahende Haltung zu deinem Recht zu leben hast
- dass du eine bejahende Haltung zu deinem Recht, glücklich zu sein, hast,
- dass du dich wohlfühlst, wenn du in angemessener Weise deine Gedanken, Wünsche und Bedürfnisse geltend machst,
- dass du deinen Körper, so wie er derzeit ist und mit dem derzeitigen Gesundheitszustand akzeptierst,
- die Erfahrung von Würde und persönlichem Wert (einem guten Selbstwert),
- nach deinen Visionen und Werten zu handeln und
- authentisch, zielgerichtet und integer zu leben.

Zur Selbstachtung gehört auch die Erwartung, dass Freundschaft, Liebe und Glück – als Ergebnis dessen, wer du bist und was du tust – etwas Natürliches und Selbstverständliches sind.

Selbstachtung hat nichts mit der Vorstellung zu tun, perfekt oder anderen überlegen zu sein. Sie ist weder vergleichend noch konkurrenzorientiert.

Sie ist die **Überzeugung**, dass

- wir gut sind und einen Wert haben und den Respekt anderer verdienen.
- Und sie ist die Überzeugung, dass unser Glück und unsere persönliche Erfüllung wichtig genug sind, um dafür zu arbeiten.

*

Übung: Wie bewertest du deine Selbstwirksamkeit und Selbstachtung jeweils auf einer Skala von 1 bis 10 (1 = sehr gering und 10= sehr hoch)?

* Ich fühle mich selbst-wirksam: 1- 10

* Meine Selbstachtung bewerte ich mit: 1 – 10

*

Selbstreflexionsfragen:

* Was bedeutet, „Bewusst leben“ für dich?
* Was könnte sich verändern, wenn du heute bewusster darauf achtest, wie du mit dir und anderen Menschen umgehst?
* Wo stehst du derzeit genau mit deinen Zielen und Plänen - beruflicher und privater Art? Hast Du einen Plan? Oder hoffst du einfach darauf, dass sich die Dinge schon „irgendwie“ regeln? Bist du heute deinen Zielen näher als vor einem Monat oder einem Jahr? Bist du noch auf der richtigen Spur?

* Wie sieht es mit deiner Selbstverantwortung aus? Übernimmst du die Verantwortung für die Umsetzung deiner Ziele und Lebensvision?
* Was tust du konkret, um dir deine Wünsche zu erfüllen? Bringst du deinem Vorhaben das nötige Maß an Bewusstsein entgegen?
* Sind deine Handlungen in Einklang mit deinen Absichten? Investierst du deine Zeit und Energie wirklich für die Erreichung deiner Ziele? Oder lässt du dich lieber Ablenken (auch von Sorgen)?
* Wie beharrlich bist du bei der Verfolgung deiner Ziele – gerade dann, wenn du auf Schwierigkeiten stößt?
* Bist du fähig, eigene Fehler zuzugeben und solche bei anderen zu tolerieren?

8. Reiz-Reaktions-Muster

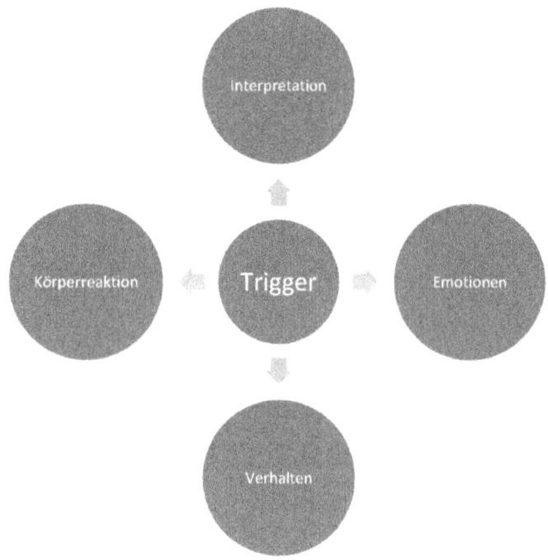

Übung:

Vergegenwärtige dir eine Situation, in der du zuletzt auf eine Art reagiert hast, die dir im Nachhinein unpassend erscheint.

Versuche mal gezielt zwischen der Tatsache, die dich getriggert, gereizt, „auf die Palme brachte" oder genervt hatte, deiner Interpretation dazu, deinen Emotionen und deiner Reaktion darauf (körperlich und verhaltensbezogen) zu unterscheiden:

- Was genau hatte dich in dieser Situation gereizt, getriggert oder genervt?
- Gab es einen deutlichen von außen kommendem Trigger (zum Beispiel: „gefährlich wirkender Hund, der auf dich zu rennt") – oder kam der Trigger von innen (z.B. nach einem Albtraum schlecht gelaunt aufgewacht)

- Welche Körperreaktionen konntest du wahrnehmen (z.B. schwitzen, rot werden, zittern, Herzrasen, Kieferanspannung und so weiter)
- Was hast du sonst noch wahrgenommen?
- wie hast du das Wahrgenommene für dich interpretiert?
- was hast du in diesem Zusammenhang gefühlt?
- Was hatte dir in dem Moment Angst gemacht?
- Inwieweit hattest du die Situation unter Kontrolle?
- Wie hättest du dich lieber verhalten?
- Was hielt dich davon ab?
- Was hättest du in dem Moment gebraucht?

Die Realität zu respektieren, wie sie ist, ist eine wesentliche Voraussetzung für ein gutes Selbstwertgefühl. Dazu gehört die Realität unserer inneren Welt (Bedürfnisse, Wünsche, Emotionen) wie auch der äußeren Welt.

Und in dem Maße, wie du dir bewusst darüber wirst, wie du dich in anspruchsvollen Situationen fühlst und wie du dich daraufhin verhältst („Flucht-Angriff oder Tot-stellen“?) und dir bewusst machst, dass du dein Verhalten auch ändern kannst, nutzt du dein Entwicklungspotential und deine innere Freiheit wächst. Wenn sich deine unbewussten Verhaltensautomatismen hin zu einem bewussten Verhalten verändern, werden deine Reaktionen auch Situationsangemessener und du kannst dadurch eher die von dir gewünschten Ergebnisse erreichen.

Deine Selbstwirksamkeit und Selbstachtung werden dadurch gestärkt.

9. **Selbstannahme**
Was heißt für Dich Selbstannahme?

Wer sich nicht selbst annimmt, kann kein gutes Selbstwertgefühl haben. Negativ ausgedrückt, ist Selbstannahme die Weigerung, in einem feindschaftlichen Verhältnis zu dir selbst zu stehen. Dich selbst vollständig zu akzeptieren, heißt nicht, dass du alles an dir gutheißen musst oder dass durch Selbstannahme keine Veränderung mehr möglich sei. Die Annahme dessen was ist, ist vielmehr die Voraussetzung für Veränderungen.

Sich selbst anzunehmen bedeutet unter anderem, sich die Realität der eigenen Gedanken, Gefühle und Handlungen bewusst zu sein. Und sich auch dann anzunehmen, wenn sie dem eigenen gewünschten Selbstbild nicht entsprechen.

Kannst du dich annehmen,

- auch mit deinem Körper, so wie er jetzt ist?

- deinen Konflikten?

- deinem Schmerz?

- deinen Ängsten?

- und deinen unerfüllten Wünschen?

Wenn ja, ist das eine gute Basis für ein starkes Selbstwertgefühl. Wenn nein: das kann man verbessern!

Das Selbstwertgefühl zu stärken ist Übungssache. Wenn wir auf dem Weg zu einem stärkeren

Selbstwertgefühl auch mal Rückschläge in Kauf nehmen müssen – zum Beispiel einmal doch nicht so selbstsicher und souverän aufgetreten sind, wie wir es eigentlich schon von uns erwartet hätten – zeigt sich wiederum unsere Fähigkeit zur Selbstannahme. Wie gehen wir dann mit uns um? Kritisierend oder wohlwollend? Jeder ist sicher lieber von Menschen umgeben, die wertschätzend, großzügig in ihrem Urteil und vergebend sind. So sollten wir uns dann natürlich auch uns selbst gegenüber verhalten.

Selbstliebeübung

Stell Dich vor einen Spiegel und nimm einfach wahr was du fühlst, wenn du dein Spiegelbild ansiehst.

1. Achte dabei nicht auf Kleidung, Frisur, Gesichtsausdruck etc., sondern auf deine Empfindungen beim Betrachten.

- Kannst du dich kritiklos betrachten?
- Vielleicht sogar wohlwollend?

Sollte sich deine Aufmerksamkeit auf angebliche körperliche Fehler oder Unzulänglichkeiten richten, kommentiere diese mit „es ist, wie es ist und ich liebe mich trotzdem!“

2. Mach dir im zweiten Schritt Komplimente. Das kann auch durch Gesten geschehen. Zum Beispiel „Daumen hoch“, Augenbrauen anerkennend hebend und dich anlächelnd.

Sobald du dich wirklich annimmst, respektierst du die Wirklichkeit und findest zu einem harmonischen Verhältnis zu dir selbst.

Gerade in körperlicher Hinsicht haben viele von uns oft einen großen Optimierungswillen. Und es spricht nichts dagegen, sportlicher oder gesünder aussehen zu wollen.

Aber das Spiegelbild zu optimieren sollte nicht zu einem Wahn werden (Schönheitswahn, Jugendwahn etc.).

- „Dein Lachen ist das beste Makeup!"

-Dr. Madan Kataria-

Sei mit dem zufrieden was du bereits hast. Selbstannahme bedeutet nicht, dass wir alles an uns gutheißen müssen. Selbstannahme führt nicht dazu, dass wir nicht auch noch Anteile an uns ändern oder verbessern könnten. Selbstannahme motiviert sogar mehr zu notwendigen Veränderungen als sich selbst abzuwerten.

Es ist ähnlich, wie wenn du als Künstler aus Ton eine Vase oder ein Kunstwerk erzeugen willst. Du musst das vorhandene Material erst mal in die Hand nehmen, es ganz annehmen, wie es ist. Wenn du etwas bearbeiten möchtest und mit einer inneren Haltung heran gehst, die eher von Abwehr und Distanz geprägt ist, kann daraus auch nur entsprechend Liebloses hervorgehen.

Und was die Dinge angeht, die wir nicht ändern können, gilt wieder: Wenn wir sie akzeptieren, gewinnen, wir an Gelassenheit und Stärke. Wenn wir sie nicht wahrhaben wollen oder in Selbstmitleid versinken, schwächen wir uns nur selbst damit.

Das Konzept der Selbstannahme hat nach Nathaniel Branden, drei Bedeutungsebenen:

(1) *Die erste Ebene ist* – **Für dich sein**

- dich selbst anzunehmen heißt, auf deiner Seite zu stehen; für dich selbst einzutreten
- dir deines Selbstwertes bewusst zu sein

⇨ also ein natürlicher, gesunder Egoismus

(2) *Die zweite Ebene ist* – **Akzeptieren, was ist**

- Die Bereitschaft wahrzunehmen – dass wir das denken, was wir denken, fühlen, was wir fühlen, das ersehnen, was wir ersehnen, das getan haben, was wir getan haben und das sind, was wir sind.
- Die Bereitschaft, von jeder Emotion oder Verhaltensweise zu sagen: „Sie ist ein Ausdruck von mir, nicht immer unbedingt ein Ausdruck, den ich mag oder bewundere, aber nichts destotrotz ein Ausdruck von mir, zumindest in dem Augenblick, in dem sie zutage tritt.“
- Ich akzeptiere unbeschönigt die Realität meiner Erfahrung. Wenn ich Schmerzen, Wut, Angst, Trauer etc. empfinde, dann empfinde ich sie. Was wahr ist, ist wahr – ich lehne sie nicht ab, ich leugne sie nicht und versuche ebenso wenig, sie zu rationalisieren.

(3) *Die dritte Ebene ist* –**Mitgefühl mit dir selbst**

- Es geht hier um ein annehmendes, mitfühlendes Interesse auch unseren negativen Verhaltensweisen gegenüber.

- Bedauern, Scham und Selbstvorwürfe wegen Dingen, die wir falsch gemacht haben, bringen uns nicht weiter. Hilfreicher ist es, sich zu fragen, warum etwas, das falsch oder unangemessen war, zu dem Zeitpunkt, als wir es taten, angemessen oder sogar notwendig erschien und wie wir jetzt damit umgehen.
- Auch wenn sich andere Menschen falsch verhalten haben, ist es hilfreich, ihr Verhalten und die Überzeugungen, die ihn dazu veranlasst haben, verstehen zu wollen. Manches ist dadurch nachvollziehbarer.

*

Übung:

Beende bitte schriftlich folgende Satzanfänge:

- Selbstannahme heißt für mich, ...
- Wenn ich meinen Körper mehr akzeptiere, ...
- Wenn ich meinen Körper ablehne und mich davon distanziere, ...
- Wenn ich meine Konflikte bereitwilliger akzeptiere, ...
- Wenn ich meine Konflikte leugne oder ausklammere, ...
- Wenn ich meine Gefühle bereitwilliger akzeptiere, ...

*

- Hast du das Gefühl, dein Leben selbst zu kontrollieren? Oder fühlst du dich eher fremdbestimmt?
- Glaubst du ein Anrecht darauf zu haben, glücklich zu sein?
- wartest du noch auf einen Retter oder lebst du dein Leben schon?
- Hast du bereits die Verantwortung für dein Verhalten, die Erreichung deiner Ziele und letztendlich für dein Leben übernommen?

Wir sollten uns körperlich, finanziell und emotional selbst versorgen können.

Eigenverantwortung zeigt sich in einer aktiven Arbeits- und Lebenseinstellung und darin, produktive Ziele zu haben und für deren Erreichen Verantwortung zu übernehmen.

Statt in einer passiven Opferrolle voller Schuldzuweisungen zu verharren und darauf zu warten, dass sich andere oder die Welt ändert, fragt sich ein eigenverantwortlicher Mensch „Was kann ich jetzt zu tun?“ oder „Wie kann ich meine Situation verbessern?“ oder „Wie komme ich aus dieser Sackgasse jetzt wieder heraus?“ oder „Wie kann ich meine Energien in dieser Situation am besten nutzen?“ Gib dir Mühe, eine Lösung zu finden.

Zu einer aktiven Lebenseinstellung gehört auch selbständiges Denken – im Gegensatz zu einer passiven Konformität gegenüber den Meinungen anderer die man ansonsten unkritisch übernimmt.

Manche Dinge können wir kontrollieren, andere nicht. Wenn du dich für Dinge verantwortlich fühlst, die sich deiner Kontrolle entziehen, setzt du dein Selbstwertgefühl aufs Spiel, da du zwangsläufig, deinen Erwartungen nicht gerecht werden kannst. Ebenso setzt du deine Selbstsicherheit aufs Spiel, wenn du die Verantwortung für Dinge leugnest, die sehr wohl innerhalb deines Kontrollvermögens liegen. Du solltest unterscheiden können, zwischen den Bereichen, für die du verantwortlich bist, und denen, für die du es nicht bist.

+

Affirmationen für ein selbstbestimmtes Leben:

Um dich mental „umzuprogrammieren" hat sich die Arbeit mit Affirmationen bewähr. Hierdurch werden dem Unbewussten mittels Wiederholung neue, nützliche, positive Gedankenimpulse eingegeben. Diese reifen durch Wiederholung mit der Zeit zu neuen Überzeugungen heran. Dass es anfangs Widerstand zu Sätzen gibt, die dem bisherigen Selbstbild widersprechen ist normal und wird sich mit der Zeit legen.

Am besten wirken Affirmationen, wenn du sie dir aufnimmst und immer mal wieder anhörst.

Hier findest du einige Vorschläge. Du kannst diese auch so umformulieren, dass sie mit deiner eigenen Wortwahl mehr übereinstimmen.

- Ich bin verantwortlich für die Erfüllung meiner Wünsche
- Ich bin nicht verantwortlich für die Erfüllung der Wünsche anderer

- Auch andere sind nicht verantwortlich für die Erfüllung meiner Wünsche.
- Was bin ich bereit zu tun, um das zu bekommen, was ich mir wünsche?
- Ich bin verantwortlich für meine Entscheidungen, meine Zielsetzungen, dafür, mein Potential zu entfalten und für mein Handeln
- Ich bin verantwortlich für das Maß an Bewusstsein, das ich meiner Arbeit, meinen Beziehungen und meinem Verhalten anderen gegenüber entgegenbringe
- Ich bin verantwortlich dafür, wie ich meine Zeit schwerpunktmäßig nutze
- Ich bin verantwortlich für die Qualität meiner Botschaften (sowohl für meine Worte als auch für meine Mimik, Gestik und meine Körpersprache)
- Ich bin verantwortlich für mein persönliches Glück
- Ich bin verantwortlich für die Werte, die ich für mein Leben wähle oder übernehme
- Ich bin verantwortlich für die Stärkung meines Selbstwertgefühls

- „Werde, wer du bist!“

-Johann Wolfgang von Goethe--

*

Satzergänzungsübung:

Ergänze bitte folgende Satzanfänge mit mindestens 5 alternativen Satzendungen:

- Eigenverantwortlich leben heißt für mich, ...
- Der Gedanke, dass ich für mein Dasein selbst verantwortlich bin, ...
- Die Verantwortung für meine Existenz zu übernehmen, würde konkret bedeuten, ...
- Wenn ich der Verantwortung für meine eigene Existenz aus dem Weg gehe, ...

*

8. Sich selbstsicher behaupten

Sich selbstsicher zu behaupten ist gleichbedeutend mit dem Mut, authentisch zu sein. Das heißt häufig, einfach normal zu sein, ohne aufgesetztem Image und Rollenspielen. In unserer Leistungsgesellschaft, werden wir teilweise dazu angehalten, uns „gut zu verkaufen". In einem Bewerbungsgespräch und in der Arbeitswelt zählt oft der Schein mehr als das Sein. Eine gute Marketingstrategie und viel Geld für Werbung können ein Produkt erfolgreicher machen, als es dem Inhalt entspricht. Es gibt zahlreiche teure Seminare und Bücher, die einem eine Erfolgspersönlichkeit anerziehen wollen, die nach außen hin attraktiv und erfolgreich wirkt, aber oft eines nicht ist – authentisch.

Selbstbehauptung heißt:

- für die eigenen Wünschen, Bedürfnisse und Werte einzustehen und dies in angemessener Weise praktisch zum Ausdruck zu bringen. Dies setzt natürlich voraus, dass man seine eigenen Wünsche und Ziele kennt.
- Sich selbst zu behaupten, heißt nicht, arrogant oder unangemessen aggressiv aufzutreten oder auf sein Recht zu pochen. Es heißt einfach, für dich selbst einzutreten, dich offen so zu geben, wie du bist, und dich bei Begegnungen mit anderen mit Respekt behandeln zu lassen, Grenzen zu setzen, wenn erforderlich und deinen eigenen Lebensweg zu gehen. Du musst dich auch nicht mit jedem abgeben.

- Es heißt, dass du dich weigerst, anderen etwas vorzumachen, nur um dich bei ihnen beliebt zu machen.
- authentisch zu leben heißt, dich bei dem, was du sagst oder tust, von deinen innersten Überzeugungen und Gefühlen leiten zu lassen.
- Selbstbehauptung setzt voraus, dass wir nicht nur das ablehnen, was wir nicht mögen, sondern, dass wir aktiv und selbstbewusst unsere Werte leben und zum Ausdruck bringen.
- Zur Selbstbehauptung gehört, dass wir uns in der Welt einbringen und unseren Beitrag leisten.

- „Wenn wir unser Wesen nicht zum Ausdruck bringen,

unser Sein nicht behaupten,

nicht in angemessenem Rahmen für unsere Werte eintreten,

verletzen wir unser Selbstwertgefühl.

Nicht die Welt tut uns das an – wir tun es uns selbst an.“

Nathaniel Branden-

Selbstreflexion:

Beantworte folgende Fragen möglichst schriftlich:

1. Was bedeutet Selbstbehauptung für dich?
2. Welche Konsequenz hat es, wenn du deine Gedanken und Meinungen unterdrückst?
3. Bist du bereit, andere die „Musik“ hören zu lassen, die in dir ist?
4. Was, wenn du den Mut hättest, deinen eigenen Wünschen wichtig zu nehmen?

V. Bedürfnisse

Es gibt Zeiten, da ist man so gestresst und eingebunden in seine Pflichten und Tagesroutinen („Hamsterrad"), dass man ein wenig den Bezug zu sich selbst verloren hat. Da weiß man dann teilweise gar nicht mehr, was will ich eigentlich wirklich? Was macht mich eigentlich wirklich glücklich?

Im Zusammenhang mit Bedürfnissen hast du vermutlich schon von Maslow und seiner Bedürfnispyramide gehört.

Bedürfnispyramide nach Abraham Harold Maslow (1908 – 1970)

An diesem Schaubild kannst du gut erkennen, dass Maslow zwischen Defizitbedürfnissen und Wachstumsbedürfnissen unterschieden hat. Defizitbedürfnisse sind solche, die wenn sie nicht erfüllt sind, Leiden verursachen. Das sind:

1. Grundbedürfnisse, wie Essen, Trinken, Schlafen
2. Sicherheitsbedürfnisse, wie z.B. sicherer Wohnraum, ein sicherer Arbeitsplatz und

Soziale Bedürfnisse, also sich zugehörig zu fühlen und das Bedürfnis nach einem guten Gemeinschaftsgefühl gestillt haben

Dagegen sind Wachstumsbedürfnisse solche, ohne die wir zwar gut überleben können, uns aber nicht völlig befriedigen. In jedem Menschen gibt es ein Bedürfnis nach Wachstum und danach, sein eigenes Potential zu entfalten. Hierzu zählen:

Das Bedürfnis nach Anerkennung, Lob, „gesehen werden“ in dem was du bist und was dich mit deiner individuellen Zusammensetzung an Stärken, Fähigkeiten und Neigungen ausmacht.

Du hast von Geburt an vielfältige Begabungen, Neigungen und Fähigkeiten mitbekommen. Eine in uns selbst wirksame Energie treibt uns ein Leben lang an, diese zu entfalten und zu entwickeln.

Lebenslanges Lernen und Neugier sind Ausdruck eines positiven Lebensgefühls und führen zu einer Dynamik von freudvollen Erfahrungen.

Schließlich das Bedürfnis nach Selbstverwirklichung. Dies kann man auch als Bedürfnis zu spirituellem Wachstum betrachten.

Dann sollte nicht vergessen werden: Das Bedürfnis: Loszulassen, sich auf das Wichtige fokussieren und Unwichtiges weglassen. Dieser Prozess wird im Verlauf eines Lebens immer wichtiger.

- „Frei ist der,

den die Beleidigungen der Menschen nicht schmerzen,

und ein Held ist,

wer den nicht beleidigt, der es verdient hätte."

-Rumi--

1. Kränkung und Wertschätzung

Wie auch in der Bedürfnis-Pyramide von Maslow zu sehen ist, gehört es zu einem Wachstumsbedürfnis des Menschen, Anerkennung von anderen Menschen zu finden.

Wofür – ob aufgrund der eigenen Leistung, der eigenen Persönlichkeit, den Werten und so weiter – ist individuell aber auch kulturell geprägt. So wird in unserer Leistungsgesellschaft der äußere Wert eines Menschen eher von seiner beruflichen Position und den beruflichen Erfolgen geprägt. Aber auch die Anzahl von Freunden, „Followern", oder Kindern kann Maßstab sein, um anderen Anerkennung zu schenken oder auch nicht. Für das Fremdbild ist auch noch nach wie vor das Geschlecht relevant.

Selbstreflexion:

Welche Kriterien muss ein Mensch (Frau oder Mann – falls du hier einen Unterschied machst) haben, um deine Anerkennung zu erhalten?

Wofür möchtest du anerkannt werden? – Nicht erst in einer unbestimmten Zukunft, sondern jetzt?

Solltest du nicht in das Schema eines erfolgreichen Menschen in der heutigen Leistungsgesellschaft passen, gibt es andere Formen, um dein Bedürfnis nach Anerkennung zu stillen.

Solche Möglichkeiten könnten zum Beispiel sein:

- dich sozial zu engagieren
- Gleichgesinnte finden – zum Beispiel „Kreative", „Sensible", „Tierfreunde", „Naturliebhaber" oder was auch immer- suche dir deine Gruppe. Jede Gemeinschaft hat ihre Maßstäbe aber jeder Mensch hat das Bedürfnis nach Anerkennung. Schenkt es euch gegenseitig.

Wenn das Bedürfnis nach Anerkennung nicht erfüllt wird, schmerzt das. Für die Erfüllung deiner Bedürfnisse einzustehen ist wichtig, für dein Selbstwertgefühl. Finde also deine persönlichen Lösungen hierzu.

2. Kränkungen

Das Bedürfnis nach Anerkennung kann auch verletzt werden, wenn wir Kränkungen, Beleidigungen, Demütigungen oder Mobbing erleben.

Teilweise sogar strafrechtlich relevant, können diese Ausdrücke von Aggression auch krank machen. In wie weit uns das schadet, ist abhängig von verschiedenen Kriterien, unter anderem:

- der eigenen Konstitution („dickhäutig“- „dünnhäutig“),
- der aktuellen Verfassung („auf dem falschen Fuß erwischt“),
- dem Geschlecht,
- dem Selbstbild und dem Selbstwertgefühl

Was kränkt?

Auch Kränkungen sind eine Form der Kommunikation. Relevant in Hinsicht auf eine Kränkung ist aber, sich klar zu machen, dass es hierfür immer (mindestens) Zwei geben muss. Einer der etwas von sich gibt und einer der das Gesagte hört, interpretiert, bewertet und in der Regel eine Reaktion folgen lässt.

Selbstreflexionsfragen:

Vergegenwärtige dir die Situation, in der du dich zuletzt gekränkt gefühlt hattest und beantworte dir ehrlich folgende Fragen dazu:

- in welcher Beziehung stehst du zum Sender der Kränkung?
- Ist dir die Meinung dieses Menschen wichtig?
- Würde dich dieselbe Aussage von einem völlig fremden Menschen genauso treffen?
- Was äußert der Sender durch seine Äußerung von sich selbst? (Selbstkundgabe)
- Welche (unterschwellige) Botschaft teilt der Sender, abgesehen vom Sachinhalt mit? (Appell)
- Fühlst du dich schnell gekränkt oder beleidigt?
- unter welchen Umständen ist dies der Fall in welchen nicht?
- Auf einer Skala von 1-10 für wie leicht kränkbar hältst du dich generell?
- Wie meinst du, würden das die Menschen einschätzen, die dich kennen?

Auch hierfür eignet sich „the Work“ von Katie Byron. Mehr dazu auf Seite 57.

3. **Narzissmus**

Narziss, ist in der griechischen Mythologie ein hübscher junger Mann, der so verliebt in sein eigenes Spiegelbild war, dass er wegen unerfüllbarerer Liebe an gebrochenem Herzen starb. Das Objekt seiner Liebe, sein Spiegelbild, war nämlich aufgrund seiner Tränen verschwommen. Die Liebe anderer verschmähte er.

Während zu früheren Zeiten narzisstisches Verhalten auf starke Ablehnung stieß, ist die eigene Imagepflege und die Notwendigkeit, sich gut zu „verkaufen", ins „rechte Licht zu rücken" und sich anderen gegenüber aus einer Position der Stärke zu präsentieren, teilweise zum Ideal eines erfolgreichen Menschen geworden. Ein gesellschaftlich anerkannter Narzissmus.

Je intelligenter der Mensch, um so subtiler die Formen der Verachtung und Kränkung. Zynismus, Ironie und Sarkasmus sind die einige Formen davon.

Andere greifen zum Mittel der passiven Aggression, also Ignorieren, Nicht- Beachten, Informationen zurückhalten, Etwas „überhören", Ins Wort fallen und so weiter.

- „Sei du die Veränderung,

die du dir wünscht für diese Welt."

Mahatma Gandhi-

4. Wertschätzung

In sich selbst verliebt sein, hat nichts mit Selbstliebe zu tun. Ein gutes Selbstwertgefühl erkennt man unter anderem daran, dass derjenige fähig ist, anderen seine Anerkennung und Wertschätzung ehrlich auszudrücken.

Je höher das eigene Selbstwert ist, umso leichter fällt es einem, auch die liebenswerten, guten Eigenschaften im Anderen zu erkennen und zu vermitteln. Ein selbstbewusster Mensch hat es nicht nötig, andere herabzusetzen, um sich dadurch selbst in eine höhere Position zu bringen. Das ist eher ein überhebliches, arrogantes Verhalten und oft ein Kompensationsversuch zur Bewältigung eines Minderwertigkeitskomplexes des Senders. Hiervon sollte man sich als Betroffener gut abgrenzen. Ein achtsamer, bewusster Umgang mit sich selbst, den eigenen Emotionen, Gedanken und Reaktionen ist hierfür hilfreich. Manchmal ist man es sich auch schuldig, klare Grenzen zu ziehen und eine Beziehung- egal ob beruflich oder privat – abzuschließen.

Auch eine Form der Wertschätzung ist das konstruktive Feedback. Hierzu gibt es im Gegensatz zur Wertschätzung, sogar diverse Regeln, an die man sich halten kann. Zum Abschluss folgen unsere zehn Regeln für ein konstruktives Feedback.

5. Zehn Regeln für konstruktives Feedback:

1. Beschreiben statt bewerten: beschreib nur deine eigene Wahrnehmung und Reaktion. Überlasse dem anderen, diese Informationen zu interpretieren oder auch nicht.

2. Drücke dich klar, genau, verständlich und möglichst sachlich aus. Ein emotional geladenes Feedback kommt beim Empfänger möglicherweise als Angriff an, gegen den er sich verteidigen will. Außerdem lenkt es von dem ab, worum es in der Sache eigentlich geht.

3. Berücksichtige auch die Verfassung deines Gegenübers. Ein Feedback ist nur wirkungsvoll, wenn der andere es auch annehmen kann und will.

4. Bleib bei den Fakten. Grundregel: Die Beobachtung muss auch von anderen nachvollzogen werden können.

5. Bleib konkret und verallgemeinere das Verhalten des anderen nicht. Nur mittels konkreter Beispiele kann der Empfänger, wissen, worauf du hinauswillst.

6. Stelle keine Vermutungen, Phantasien oder Interpretationen auf. Stattdessen stelle klar, dass es um deine persönliche Sichtweise geht und wie du die Folgen und Konsequenzen aus dem Verhalten des anderen, einschätzt.

7. Spreche nur veränderbare Verhaltensweisen an und nicht Unzulänglichkeiten, auf die der Empfänger relativ wenig oder gar keinen Einfluss nehmen kann.

8. Erbeten im Gegensatz zu aufgezwungen: Feedback ist dann am wirksamsten, wenn der Empfänger darum gebeten hat. Wenn du dein Feedback aufdrängst, kann es zu einer Abwehrhaltung kommen. Du kannst aber fragen, ob du ein Feedback geben darfst. Wenn du dich darin bewährt hast, wird man sogar dankbar dafür sein, weil es dem anderen die Möglichkeit gibt, sich zu verbessern.

9. Berücksichtige die Bedürfnisse des Empfängers angemessen. Wenn es dir egal ist, ob es dem Empfänger nützt oder ihm sogar schadet, zerstörst du sein Vertrauen, das er dir mit der Erlaubnis eines Feedbacks gab.

10. Zur rechten Zeit oder möglichst bald: Feedback ist am wirksamsten, je kürzer die Zeitspanne ist zwischen dem betreffenden Verhalten und der Information über die Wirkung des Verhaltens.

Abschließend wollen wir uns für dein Vertrauen bedanken und sind auch für dein konstruktives Feedback dankbar!

Wir hoffen, du konntest ein paar neue Ideen und Impulse aus deiner Lektüre für dich entdecken und alt Bekanntes durfte von dir wieder erinnert werden.

-Wir freuen uns von dir zu lesen und zu hören und sind auch gerne für eine Coaching Gespräch für dich da.

Herzliche Grüße,

Maria-Lucia Leinhofer und Dr. Gerhard Leinhofer-

VI. Verwendete und empfohlene Literatur

- Robert Biswas-Diener „Practicing Positive Psychology, Coaching“
- Dr. Daniela Blickhan „Positive Psychologie“, Ein Handbuch für die Praxis
- Nathaniel Branden „Die 6 Säulen des Selbstwertgefühls“
- Kathi Byron „A mind at home with itself“
- Viktor E. Frankl „Leiden am sinnlosen Leben“
- Prof. Dr. David Hawkins „Letting Go“
- Annette Kaiser „Im Kreis der Liebe leben“
- Corey Keyes „the mental health continuum“
- Sonja Lyubomirski „The How of Happines“
- Martin Seligman „Learned Optimism“
- Eckart Tolle „Jetzt“
- Paul Wong „meaning therapie“

VI. Über die Autoren

-Maria-Lucia Leinhofer

Als Personal Coach und individualpsychologische Mediatorin, zeige ich meinen Klienten, wie sie sich ein selbstbestimmtes, sinnerfülltes Leben aufbauen. Eines, das sie nicht nur persönlich, sondern auch beruflich erfüllt.

Mittels effektiver Methoden konnte ich selbst lernen, meine Gedankenmuster und Emotionen zu transformieren und einen konstruktiven Lebensstil zu pflegen. Mit Freude gebe ich dieses Wissen an meine Klienten weiter.

-Dr. Gerhard Leinhofer

- Psychologischer Psychotherapeut (approbiert) Supervisor (LÄK/BDP)
- Wissenschaftliche Tätigkeit am Staats-Institut für Frühpädagogik, München, Koordinator und Leiter der Beratungsstelle für Kinder, Jugendliche und Eltern, Regensburg
- Während der Tätigkeit am Max-Planck-Institut für Psychiatrie (Dr. Paul Innerhofer) Entwicklung eines Trainingsprogramm „Elterntraining" und Forschung im Bereich Erziehungs- und Familienberatung.
- systemischer Berater von Gruppen, Einrichtungen, Institutionen und Unternehmen.
- Approbation als psychologischer Psychotherapeut mit Schwerpunkt Verhaltenstherapie
- Seit 1999 Niederlassung als freiberuflicher Psychotherapeut für Erwachsene, Kinder und Gruppen und Gründung einer Praxis für Psychotherapie mit Praxissitz in Regensburg und Roßbach/Wald

Eine humanistische Wertehaltung, die Philosophie der Altgriechen und ein auf Entwicklung ausgerichtetes Menschenbild prägen meine Arbeit. Meine Erfahrung in wissenschaftlicher Forschung, diversen Leitungsfunktionen und langjährige und zertifizierte Tätigkeit als Psychotherapeut machen ihn zu einem Experten für Persönlichkeitsentwicklung.

 -

Mehr zu uns unter: https://www.coaching-leinhofer.de/-

Made in the USA
Columbia, SC
01 June 2022

61183006R00068